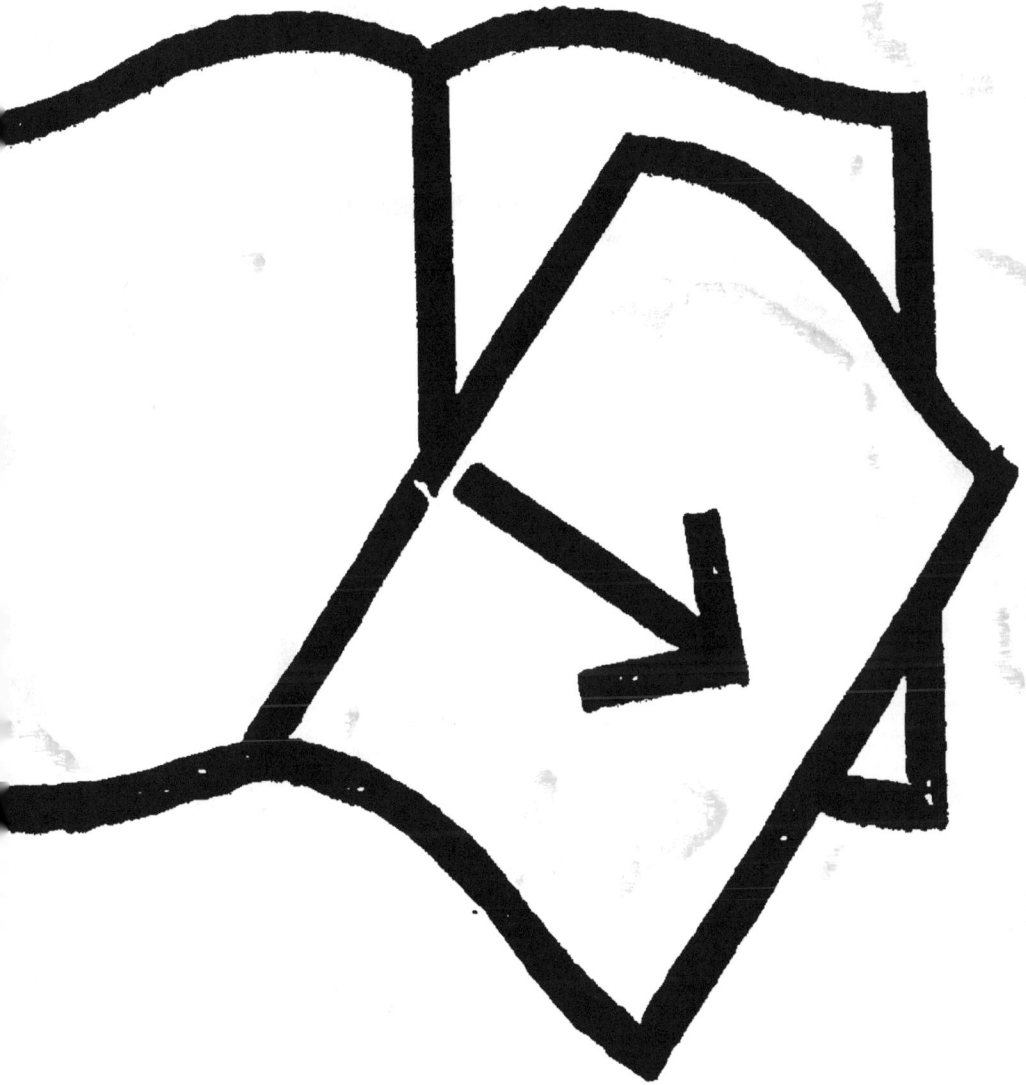

Couverture inférieure manquante

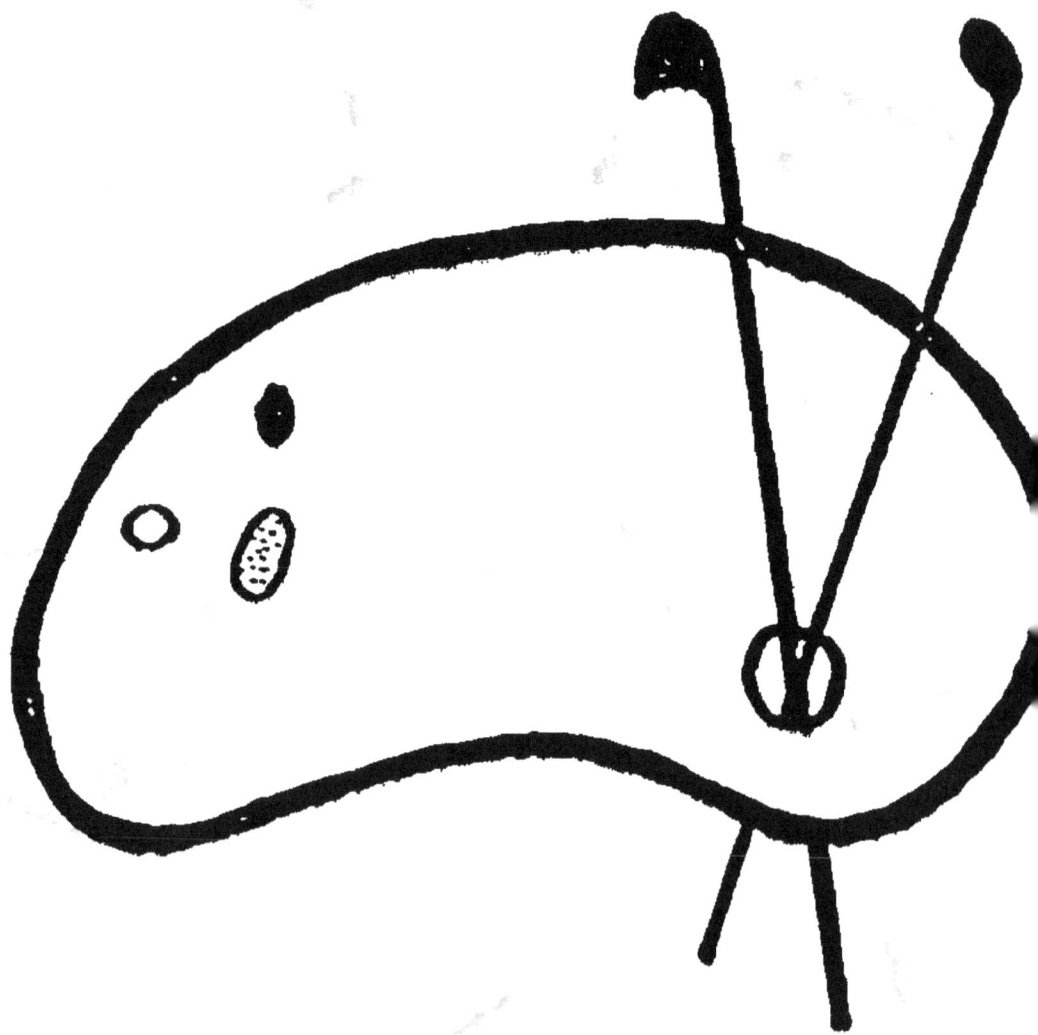

DEBUT D'UNE SERIE DE DOCUMENTS
EN COULEUR

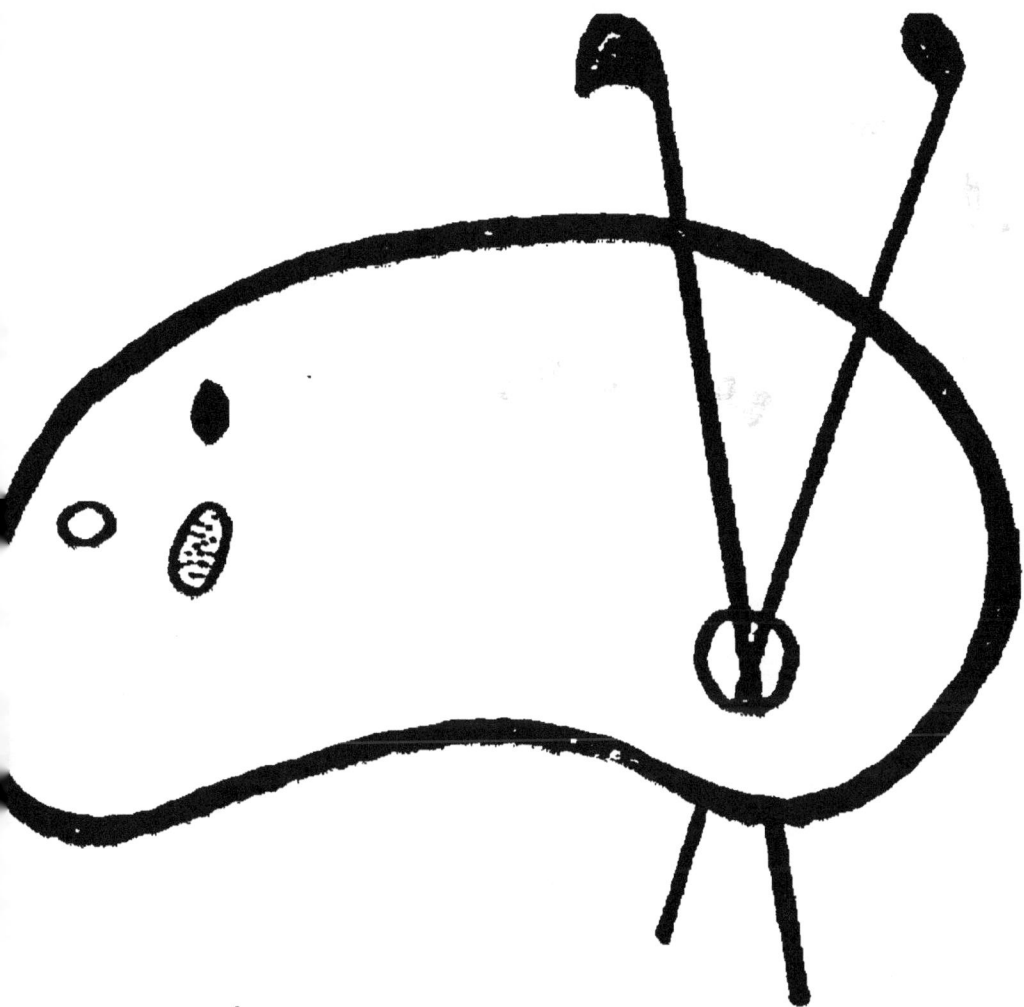

FIN D'UNE SERIE DE DOCUMENTS
EN COULEUR

HISTOIRE

DE PARIS

ET DU DÉPARTEMENT

DE

LA SEINE

CRESTON DC

HISTOIRE
DE PARIS

ET DU

DÉPARTEMENT DE LA SEINE

AVEC LA BIOGRAPHIE

DES PERSONNAGES REMARQUABLES

QUI EN SONT ORIGINAIRES

Ouvrage illustré de 12 gravures hors texte et accompagné d'un plan de Paris
et d'une carte de ses environs

Par F. LHOMME

Professeur au Lycée Janson de Sailly, Agrégé de l'Université

GUSTAVE GUÉRIN ET Cᵉ, ÉDITEURS
PARIS
22, rue des Boulangers, 22

LA BASTILLE

HISTOIRE DE PARIS

ET DU

DÉPARTEMENT DE LA SEINE

CHAPITRE PREMIER

PARIS SOUS LES ROMAINS

Lutèce sous les Gaulois. — Le pays qui forme aujour-d'hui le département de la Seine et une partie des départements de Seine-et-Oise et de Seine-et-Marne était habité à l'époque gauloise par la tribu des Parisiens. Lutèce, alors renfermée tout entière dans l'île Notre-Dame, était leur capitale. Sa position la rendait facile à défendre. Les Parisiens faisaient quelque commerce par eau ; on rapporte même qu'ils tissaient le chanvre et le lin et qu'ils savaient travailler l'or et l'argent.

Conquête romaine. — Ils furent d'abord les alliés de César et c'est à Lutèce qu'il convoqua les peuples de la Gaule, pour y débattre avec eux les conditions de leur soumission.

Lorsque Vercingétorix entraîna la Gaule à un soulèvement général, les Parisiens prirent part à la lutte. César envoya contre eux le plus habile de ses lieutenants, Labiénus. Lutèce était sans défense contre les Romains, on la livra aux flammes, et Labiénus battit Camulogène, le chef des Parisiens.

Malgré cette défaite, ils s'associèrent encore à la lutte générale devant Alésia et fournirent, dit-on, un contingent de huit mille hommes.

César, vainqueur de la Gaule, fit de Lutèce une ville tributaire. Il traita les Parisiens avec la plus excessive rigueur et il vendit comme esclaves la moitié des habitants.

La domination romaine. — Lutèce prospéra vite sous les Romains ; elle adopta, comme toutes les villes de la Gaule, leurs mœurs, leur langue et leur religion. Dès l'époque de Tibère, les bateliers parisiens élevaient déjà un autel à Jupiter.

La ville ne tarda pas à s'étendre sur les deux rives de la Seine. C'est à gauche surtout qu'elle fit d'abord des progrès. Cette partie de la ville prit le nom de la montagne qu'elle couvrait et s'appela Lucotèce. Deux voies romaines y passaient.

Constance Chlore et Julien. — Constance Chlore, qui gouvernait la Gaule avec le titre de César, agrandit Lutèce et fit construire au sud de la Seine un aqueduc, des arènes et probablement le *palais des Thermes*. C'est là que Julien fut proclamé empereur en 360. Il aimait le séjour de cette ville, il y passa plusieurs hivers et il se plut à l'embellir.

Le christianisme à Paris. — Vers cette époque, la cité des Parisiens prit le nom de Parisii ou Paris. Le Christianisme y avait été prêché dans le courant du troisième siècle. Saint Denis, qui fut décapité avec plusieurs de ses compagnons sur la colline qu'on appela depuis Montmartre (273), fut le premier apôtre de Paris.

D'autres empereurs, et particulièrement Valentinien et Gratien, résidèrent à Paris. C'est près de cette ville que ce dernier fut vaincu et tué en 383.

Vers le milieu du cinquième siècle la Gaule était presque tout entière chrétienne et les persécutions avaient cessé. Une cathédrale s'éleva à Paris, sur l'emplacement même de Notre-Dame, et l'on construisit sur la rive droite des églises, sous l'invocation de Saint-Martin.

CHAPITRE II

PARIS PENDANT LES INVASIONS ET SOUS LA PREMIÈRE RACE

Les Invasions. — Les Invasions des Barbares troublèrent profondément la Gaule et causèrent d'affreux désastres. Paris, grâce à sa situation, échappa à leurs coups.

Quand les hordes des Huns parurent en Gaule, sous la conduite du terrible Attila, les habitants effrayés fuyaient partout à l'approche de ces barbares. Les Parisiens avaient résolu, eux aussi, de ne point attendre l'ennemi. Une jeune fille, Geneviève, née probablement à Nanterre, s'était acquis parmi le peuple une grande réputation de sainteté; elle fit tous ses efforts pour retenir les parisiens dans leurs foyers.

« Rebutée par les hommes, dit M. Amédée Thierry, elle prit le parti de s'adresser aux femmes. Ses paroles, ses gestes, son regard d'inspirée les émurent toutes, et elles la suivirent silencieusement où elle voulut. Il y avait à la pointe orientale de l'île de Lutèce, dans le même emplacement où s'élève aujourd'hui la basilique de Notre-Dame, une église consacrée au protomartyr saint Étienne. C'est là que Geneviève conduisit son cortège de femmes, à l'aide duquel elle se barricada dans le baptistère, et toutes se mirent à prier. Surpris de l'absence prolongée de leurs femmes, les hommes vinrent à leur tour à l'église, et trouvant les portes du baptistère fermées, ils demandèrent ce que cela signifiait; mais les femmes répondirent à l'intérieur qu'elles ne voulaient plus partir. Cette réponse mit les hommes hors d'eux-mêmes. Avant de briser la clôture d'un lieu saint, ils tinrent conseil et discutèrent d'abord sur le genre de supplice qu'il convenait d'infliger à la fausse prophétesse, comme ils l'appelaient, à l'esprit de mensonge qui venait les tenter dans leurs mauvais jours.

Les uns opinaient pour qu'elle fût lapidée à la porte de l'église, les autres pour qu'on la jetât la tête la première dans la Seine. Ils discutaient tumultueusement, quand le hasard leur envoya un membre du clergé d'Auxerre, qui fuyait l'approche de l'invasion et gagnait probablement la basse Seine, espérant y être plus à l'abri. C'était un diacre qui avait apporté plusieurs fois à Geneviève les eulogies (fragments de pain bénit) de la part de saint Germain. Au nom de l'évêque, mort depuis trois ans, il les réprimanda, les fit rougir de leur barbarie, et, les exhortant à suivre un conseil où il reconnaissait le doigt de Dieu : « Cette fille est sainte, leur dit-il, obéissez-lui. » Les Parisiens se laissèrent persuader et restèrent. Geneviève avait bien vu. Les bandes d'Attila, ralliées entre la Somme et la Marne n'approchèrent point de Paris, et cette ville dut sa conservation à l'obstination courageuse d'une pauvre et simple fille. Si ses habitants se fussent alors dispersés, bien des causes auraient pu empêcher leur retour, et, selon toute apparence, la petite ville de Lutèce, réservée à de si hautes destinées, serait devenue, comme tant de cités gauloises plus importantes qu'elle, un désert dont l'herbe et les eaux recouvriraient aujourd'hui les ruines, et où l'antiquaire chercherait peut-être une trace de l'invasion d'Attila. »

Paris sous Clovis et sous ses successeurs. — Les Francs arrivèrent à Paris après la victoire de Clovis à *Soissons* (486). Plus tard il choisit cette ville pour sa résidence et il fit élever sur la rive gauche une église, d'abord dédiée à saint Pierre, et ensuite à sainte Geneviève qui y fut enterrée ainsi que Clovis et Clotilde.

Les successeurs de Clovis ne cessèrent point d'embellir Paris. Cette ville apparaît dès lors comme la plus importante des cités de la Gaule du Nord. Après la mort de Caribert, telle était déjà sa prépondérance, que les trois autres rois la laissèrent indivise. Aucun d'eux n'y devait entrer sans l'autorisation de ses frères.

L'abbaye de Saint-Germain des Prés et l'église de Saint-Laurent furent construites sous les Mérovingiens. Dagobert fonda l'abbaye de Saint-Denis qui devait servir de sépulture aux rois.

Sous les maires du Palais, Paris ne fit aucun pro-

LE LOUVRE SOUS CHARLES V

grès qu'on puisse constater; il cessa, d'ailleurs, d'être
une résidence royale.

CHAPITRE III

PARIS SOUS LA SECONDE RACE

Les Invasions normandes. — Charlemagne, pour
mieux surveiller la Germanie, avait fait d'Aix-la-Cha-
pelle sa capitale. On ne sait pas s'il vint souvent à
Paris, mais il y fit ouvrir deux écoles, l'une à Saint-
Germain l'Auxerrois et l'autre à Saint-Germain des
Prés.

Sous ses successeurs, Paris continua de n'être que
le chef-lieu d'une province.

Les Normands. — La réputation de cette ville n'en
attira pas moins les Normands. Ils la pillèrent deux fois,
en 841 et en 845.

Ces invasions forcèrent les Parisiens à mettre leur
ville dans un meilleur état de défense. On avait élevé
de grosses tours à l'entrée des ponts. Lorsque les Normands reparurent, en 885, avec des forces considérables, ils durent faire un siège en règle.

Siège de Paris. — Paris, réduit à ses seules ressources,
leur opposa, sous la direction du comte Eudes et de
l'évêque Gozlin, une résistance acharnée. Les Normands, repoussés de la tour du Grand-Pont, sur la rive
droite, formèrent une sorte de camp retranché autour de
Saint-Germain l'Auxerrois. Ils donnèrent plusieurs as-
sauts sans succès et ils essayèrent vainement de brû-
ler les ponts.

Une crue du fleuve ayant emporté une partie du Petit-Pont, la tour qui en gardait l'entrée se trouva isolée.
Les Normands l'assaillirent aussitôt. Elle n'avait que
douze défenseurs, mais ils firent si bien qu'ils résistèrent tout un jour. Ils se rendirent enfin, sur la pro-
messe qu'ils seraient épargnés. Les Barbares les mas-
sacrèrent cependant, à l'exception d'un seul qu'ils
prenaient pour un chef et auquel ils offrirent de se

racheter. « Vous ne recevrez jamais de rançon pour ma tête », leur dit-il, et il se livra à leurs coups.

Cependant la famine commençait à se faire sentir. Eudes sortit de Paris, et quand il vit l'armée de l'empereur en marche, il y rentra pour soutenir le courage des siens. Les troupes de secours parurent enfin, mais leur chef ayant été tué par les Normands, elles s'enfuirent. Ceux-ci tentèrent alors une attaque générale sur Paris, mais ils furent encore repoussés.

Charles le Gros se montra enfin sur les hauteurs de Montmartre. Mais ce lâche empereur n'osa pas combattre et il acheta à prix d'or la retraite des Normands. Les Parisiens indignés refusèrent de livrer le passage à leurs barques quand ils voulurent remonter la Seine et ils durent les traîner autour de la ville (886).

Le Duché de France. — La lâcheté de Charles le Gros le fit bientôt déposer. La France, comme tous les autres États, s'était morcelée à l'infini. Eudes, à qui sa belle conduite valut le titre de roi, n'était, en réalité, que le comte de Paris. Il fixa sa résidence dans cette ville. Les incursions des Normands arrêtèrent le développement de Paris, et il fallut plus d'un siècle pour réparer les ruines qu'ils avaient accumulées.

CHAPITRE IV

PARIS SOUS LES CAPÉTIENS DIRECTS

Les premiers Capétiens. — Lorsque la famille des Capétiens, qui était, depuis Robert-le-Fort, en possession du duché de France, eut remplacé les Carolingiens, Paris devint leur capitale et ne fut plus dépossédé de ce titre. Robert-le-Pieux enrichit les églises et les abbayes et Henri Ier fonda le prieuré de *Saint-Martin-des-Champs*.

Louis VI, qui favorisait l'établissement des communes sur les terres de ses vassaux, n'en laissa aucune se constituer sur ses propres domaines. Paris fut surtout une ville à privilèges. Elle s'administrait en grande partie elle-même, et elle avait une sorte de conseil qui avait la charge de défendre ses intérêts. Les marchands y avaient fondé des associations ou confréries dont la plus puissante était celle des *Marchands de l'eau*. Elle avait le monopole des transports sur la Seine. Cette corporation resta longtemps la plus forte de toutes, et le prévôt des Marchands fut pris dans ses rangs.

La prospérité commençait alors à renaître; les nombreuses fondations de **Louis VI** en sont la preuve. La *léproserie de Saint-Lazare* et les abbayes de *Montmartre* et de *Saint-Victor* datent de son règne et il ne fit pas élever moins de sept églises. Le *Grand* et le *Petit Châtelet* furent construits.

Louis VII suivit l'exemple de son père. Sous son règne, les Templiers se fixèrent à Paris et la ville fit de grands progrès sur la rive droite. En 1163 le pape Alexandre III posa la première pierre de l'église Notre-Dame.

Philippe-Auguste. — Aucun roi n'a plus fait pour Paris que Philippe-Auguste. Il s'efforça d'abord de mettre les faubourgs, comme la cité l'était déjà, à l'abri de toute attaque, et il les fit entourer d'une enceinte de murs protégés par des fossés et flanqués de tours. Ces murs avaient une épaisseur de huit pieds; on n'y accédait que par des poternes fort étroites.

Philippe-Auguste fit en outre construire la *forteresse du Louvre*. Une grosse tour, d'une hauteur de 96 pieds, fut bâtie au milieu de la cour; c'était d'elle que relevaient tous les fiefs royaux.

On créa quatre nouveaux collèges, des églises, des hôpitaux et des *Halles*. La ville fut embellie et quelques rues furent pavées.

Le roi institua une police, car la sécurité n'était pas grande, et il protégea les écoliers.

Saint-Louis. — Louis IX suivit l'exemple de Philippe-Auguste. Les écoles de Paris formèrent l'*Université*, dont la renommée ne tarda pas à s'étendre au loin. Robert de Sorbon, chapelain de Saint-Louis, fonda le *collège de la Sorbonne* où devaient être instruits des écoliers pauvres, et le roi lui-même créa six autres collèges.

Il fit construire la *Sainte-Chapelle* et il établit l'*Hospice des Quinze-Vingts*.

Louis IX ne se contenta point de doter Paris d'établissements utiles, il veilla aussi à ce qu'il fût bien administré. Le prévôt de Paris, *Etienne Boileau*, qui rendait la justice au *Châtelet*, « maintint si bien la prévôté, que nul malfaiteur, dit Joinville, larron ni meurtrier, n'osa demeurer à Paris, qui ne fût tantôt pendu et exterminé; ni lignage (parenté), ni or, ni argent ne peut le garantir. » Le prévôt commandait le *guet* qui gardait la ville. Il avait des attributions politiques et militaires. L'administration appartenait au *Prévôt des marchands*; il était élu par le *Corps de ville* et assisté de quatre échevins. C'était une sorte de maire de Paris. Il siégeait au *Parloir aux Bourgeois* qui fut établi d'abord près du Grand Châtelet, puis rue des Francs-Bourgeois, et enfin dans la *Maison aux Piliers*, sur la place de *Grève*.

Les corporations. — Les artisans, à Paris, comme dans toutes les cités, étaient alors organisés en corporations. Chacune d'elles avait un saint pour patron, des fêtes et un trésor; elle secourait ses pauvres et faisait trancher toutes ses difficultés intérieures par des jurés ou syndics. Elle avait le monopole de son industrie; le nombre des maîtrises était limité.

Saint Louis fit recueillir les règlements des corporations par le prévôt Etienne Boileau et il le chargea de les reviser. On eut ainsi le *Livre des Métiers*.

Philippe le Bel. — Paris continua de se développer au XIVᵉ siècle, mais il ne retrouva plus le calme des belles années de Philippe-Auguste et de Louis IX.

Philippe le Bel fut d'abord énergiquement soutenu par la bourgeoisie. On le vit bien, lorsque le 13 avril 1302, au milieu de sa lutte contre les Flamands et contre le Pape, il réunit, pour la première fois, les Etats Généraux dans l'église de Notre-Dame.

Les Templiers. — Plus tard, les impôts qu'il créa et les fréquentes altérations des monnaies irritèrent le peuple et il n'échappa à sa fureur qu'en cherchant un asile au *Temple*. Cette vaste forteresse excita ses craintes et l'or des Templiers tenta sa convoitise. Il les accusa de crimes odieux et il les fit condamner après un procès où toutes les formes de la justice furent violées.

En 1410, cinquante-quatre Templiers furent brûlés à la porte Saint-Antoine « devant une foule muette
et comme stupide d'étonnement. » Le grand-maître
Jacques de Molay et un autre dignitaire « furent brûlés
tous deux sur le même bûcher dans une petite île de la
Seine entre le jardin royal et l'église des frères ermites
de Saint-Augustin. Ils parurent soutenir les flammes
avec tant de fermeté et de résolution que la constance
de leur mort et leurs dénégations finales frappèrent la
multitude d'admiration et de stupeur, 1314. (1) »

En 1304, la reine Jeanne de Navarre, femme de Philippe le Bel, fonda le *Collège de Navarre*, sur l'emplacement qu'occupe aujourd'hui l'École Polytechnique.

Le Parlement devint sédentaire à partir de 1302 et il
fut décidé, sous Philippe le Long, en 1319, qu'il ne
pourrait se réunir qu'à Paris.

Les désordres des belles-filles de Philippe le Bel
donnèrent naissance à la fameuse légende de la *Tour
de Nesle.*

Les colères qu'avait déchaînées l'administration de
Philippe le Bel retombèrent sur ses serviteurs. *Enguer-
rand de Marigny*, son trésorier, fut pendu au *gibet de
Montfaucon*, « le gibet des voleurs », et l'avocat géné-
ral *Raoul de Presles* fut enfermé dans la prison de
Sainte-Geneviève et torturé.

CHAPITRE V

PARIS PENDANT LA GUERRE DE CENT ANS

La peste noire. — Le règne de Philippe de Valois,
qui devait si mal finir, s'ouvrit brillamment. La France
s'était enrichie sous saint Louis et sous ses successeurs, et son roi était vraiment le plus puissant et le
plus riche des princes chrétiens. Philippe aimait les
fêtes et sa cour était le rendez-vous des rois et des
grands seigneurs. La guerre de Cent ans mit fin à cette

(1 Michelet.

prospérité. Elle dépeupla les villes et les campagnes, et elle ruina l'industrie et l'agriculture.

La bataille de Crécy fut désastreuse surtout pour les nobles, mais les suites de la guerre se firent sentir partout. Le travail cessa avec la sécurité et la misère décima les populations. Un mal terrible, la *Peste noire*, vint mettre le comble à tant de maux. Il fit d'affreux ravages à Paris. Il mourait, dit-on, jusqu'à huit cents personnes par jour. Le fléau s'attaquait plus encore aux jeunes gens qu'aux vieillards et l'on ne suffisait point à enterrer les morts. On accusa les Juifs d'avoir empoisonné l'air et les eaux et on les massacra par milliers (1318 .

Ce n'était là, pourtant, que le commencement des calamités. La guerre, un instant suspendue, allait reprendre et livrer Paris à de terribles agitations.

Etienne Marcel. — La nouvelle du désastre de Poitiers fut accueillie avec colère. Il était évident que cette noblesse, qui s'était laissée vaincre si facilement à Crécy et à Poitiers, n'était plus capable de défendre la France. Paris s'arma et songea à se protéger lui-même. Il avait alors pour prévôt des marchands Etienne Marcel. C'était un homme intelligent et énergique. Il pourvut d'abord aux premières difficultés. Pour empêcher quelque surprise, car on s'attendait à l'arrivée prochaine des Anglais, il fit tendre des chaînes dans les rues et armer les remparts.

Paris s'était bien agrandi depuis Philippe-Auguste. Les successeurs de ce prince, confiants dans leur puissance, n'avaient pas pris soin de développer les fortifications. Le prévôt des marchands répara cet oubli. « Sur la rive gauche, dit M. Perrens, dans le très intéressant ouvrage qu'il a consacré à Etienne Marcel, les progrès de la population n'ayant guère été sensibles, il n'y eut qu'à réparer les murailles et à les reculer de deux à trois cents pas. Mais, sur la rive droite où les Parisiens se portaient de préférence, Marcel dut ordonner qu'on construisît une muraille flanquée de tours. Cette muraille, partant de la porte Barbette, sur le quai des Ormes, passait par l'Arsenal, les rues Saint-Antoine, du Temple, Saint-Martin, Saint-Denis, Montmartre, des Fossés-Montmartre, la place des Victoires, l'Hôtel de Toulouse (la Banque actuelle), le jardin du Palais-Royal, la rue Richelieu, et arrivait à la porte Saint-Honoré par la rue de ce nom et jusqu'au bord de la Seine. Sur les deux rives du fleuve des bastilles furent construites pour protéger les portes, et l'on fortifia d'un fossé l'île Saint-Louis, qu'on appelait en ce temps-là l'île Notre-Dame, afin qu'elle pût, dans le besoin, devenir un lieu de refuge pour les habitants de Paris. »

Ces travaux durèrent quatre ans. L'honneur en revient tout entier à Etienne Marcel.

Les Etats de 1357. — Dans les graves dangers qui suivirent la bataille de Poitiers, on avait fait appel aux Etats Généraux. Ils se réunirent à Paris, le 17 octobre 1356, et ils commencèrent par faire une enquête sur la situation du royaume.

Ils se séparèrent ensuite pour prendre l'avis des électeurs et ils se réunirent de nouveau le 5 février 1357. Ils rédigèrent alors la *Grande Ordonnance* de 1357. « C'était bien plus qu'une réforme, dit Michelet, elle changeait d'un coup le gouvernement. Elle mettait l'administration entre les mains des Etats et substituait la République à la monarchie. Elle donnait le gouvernement au peuple. »

La bourgeoisie de Paris était alors trop au-dessus du reste de la France; la province ne la comprit point et ne la soutint pas, et le Dauphin s'attacha à ruiner l'autorité des Etats. Ceux-ci essayèrent de se faire soutenir par un prince du sang. Le sire de Picquigny, un ami d'Etienne Marcel, délivra Charles le Mauvais, qui était détenu dans une forteresse, et le ramena à Paris. C'était aggraver le mal et se donner un maître.

Mort des conseillers du Dauphin. — Le Dauphin avait autour de lui des conseillers qui l'excitaient à braver les ordres des Etats. Tous les jours c'étaient des collisions sanglantes entre les gens du prévôt et ceux du roi. Etienne Marcel résolut d'en finir.

Le 23 février 1358, tous les corps de métiers se réunirent en armes à Saint-Eloi. Les bourgeois, sur l'invitation de Marcel, portaient des chaperons bleus et rouges, aux couleurs de la ville Ils marchèrent vers l'Hôtel du Dauphin. Le prévôt, suivi de plusieurs de ses

partisans, pénétra dans la chambre de Charles. Ils discutèrent quelque temps avec aigreur. Etienne Marcel se
tournant ensuite vers les siens leur dit : « Faites vite
ce pourquoi vous êtes venus. » Ceux-ci se précipitèrent
alors sur les maréchaux de Champagne et de Norman-
die et les tuèrent l'un et l'autre. Le Dauphin craignait
pour sa vie, mais Marcel le rassura, lui donna son cha-
peau et prit le sien. Le peuple de Paris approuva le prévôt et Charles dut accepter ce qui s'était fait.

Cet acte de violence ne devait être utile qu'à Charles
le Mauvais. Il revint à Paris quatre jours après et s'y
montra bientôt comme un maître. Il trahit tour à tour
tous les partis.

Mort de Marcel. — La situation d'Etienne Marcel devenait de plus en plus difficile. Les paysans, exaspérés
par la misère et par la tyrannie des seigneurs, venaient
de se soulever. Il les soutint, mais ne put les sauver
d'une ruine complète. Paris même se lassait de sa domination. Le Dauphin interceptait toutes les communications sur la Haute-Seine et Charles-le-Mauvais faisait
de même sur la Basse-Seine.

Marcel, obligé de choisir entre deux partis et sachant
qu'il n'avait point de pitié à attendre du Dauphin, s'entendit avec Charles-le-Mauvais. Dans la nuit du 31 juillet au 1er août, il s'apprêtait à lui livrer la bastille
Saint-Denis lorsqu'il fut tué par Jean Maillart, l'un des
échevins.

Jugement sur Marcel. — L'histoire a porté sur Marcel des jugements fort différents. Michelet a fait avec
impartialité la part du blâme et celle de l'éloge. « Cette
tache sanglante (la mort des maréchaux), dit-il, dont la
mémoire d'Etienne Marcel est restée souillée, ne peut
nous faire oublier que notre vieille charte est en partie
son ouvrage. Il dut périr, comme ami du Navarrais,
dont le succès eût démembré la France; mais, dans
l'ordonnance de 1357, il vit et vivra. » Ajoutons que la
France s'est surtout souvenue de l'homme qui n'avait
pas désespéré de sa fortune au lendemain des désastres, et qui, seul, s'était montré fort quand tout le
monde était faible. C'est sa gloire la moins contestable.

Etienne Marcel transporta le siège de la municipalité
de Paris du *Parloir aux Bourgeois* à la Maison aux

L'ANCIENNE PORTE SAINT-BERNARD

Piliers, là même où s'élève aujourd'hui l'Hôtel-de-Ville.

Paris sous Charles V. — Le règne de Charles V fut pour Paris une époque de calme, sinon de prospérité. Il laissa les Anglais s'avancer jusque sous les murs de sa capitale, mais ils ne l'assiégèrent pas. Christine de Pisan, l'historien de Charles V, parle du goût de ce prince pour les constructions utiles et somptueuses. Il fonda *l'église de Saint-Antoine*, agrandit l'*Hôtel Saint-Paul*, fit rebâtir le *Château du Louvre*, où il créa une bibliothèque, et commença la *Bastille Saint-Antoine*. Il augmenta les fortifications et fit élever « des murs neufs et de belles, grosses et hautes tours. » C'est à l'abri des murailles qu'il avait ruiné les Anglais; il en savait l'utilité et il ne négligea rien pour qu'elles fussent en bon état. Le prévôt de Paris, *Hugues Aubriot*, le seconda habilement.

Paris sous Charles VI. — Paris s'était refait, un moment, sous Charles V ; avec Charles VI s'ouvre une nouvelle période d'agitation.

Charles V avait promis d'abolir les impôts établis depuis Philippe-le-Bel. On le fit un moment, mais le roi ne pouvait pas administrer sans argent. On les rétablit. La colère du peuple ne connut plus de limite. Les révoltés s'emparèrent de maillets à l'Arsenal, coururent par toute la ville et assommèrent les collecteurs.

La révolte des *Maillotins* fut bientôt réprimée. Le roi leur avait accordé une amnistie, on n'en saisit pas moins les chefs du mouvement et on les jeta, la nuit, à la Seine.

La vengeance ouverte s'exerça plus tard. Quand Charles VI, vainqueur des Flamands à *Roosebecke*, rentra à Paris, il le fit par une brèche comme dans une ville conquise. Les habitants furent désarmés et on leur enleva leurs franchises ; ils n'eurent plus ni prévôt ni échevins. Plusieurs des chefs de la révolte furent saisis et exécutés; les autres se rachetèrent à prix d'argent. Le roi rétablit ensuite tous les impôts et les augmenta.

Armagnacs et Bourguignons. — La démence de Charles VI et surtout le meurtre du duc d'Orléans qui fut tué rue Vieille-du-Temple, près de la *porte Barbette*, le 23 novembre 1407, eurent pour la France et pour

Paris les plus douloureuses conséquences. Jean-Sans-Peur, qui avait ordonné le crime, en fit faire l'apologie par le docteur Jean Petit, et il parvint à obtenir du roi des lettres de rémission.

Le parti d'Orléans ne désarma point. Il prit pour chef le comte d'Armagnac qui lui donna son nom, et bientôt les factions des Bourguignons et des Armagnacs ensanglantèrent Paris et la province. On traita deux fois, à Bicêtre et à Bourges, mais c'était une paix dérisoire.

L'Université de Paris et la Bourgeoisie essayèrent de mettre un terme à ces désordres. Ils firent confier la défense de Paris au comte de Saint-Pol, qui tenait pour les Bourguignons. Celui-ci, redoutant les bourgeois, s'appuya sur la corporation des Bouchers. Ils formèrent avec leurs valets de toute sorte une troupe de cinq cents hommes hardis et prêts à tout. Ils avaient pour chef l'écorcheur Caboche. D'abord cette troupe obéit aux docteurs de l'Université et à ses maîtres, et elle fit bonne garde autour du roi et du Dauphin.

Pendant ce temps, les docteurs et les légistes rédigeaient l'*ordonnance cabochienne de 1413* qui eût réformé tout l'État, s'il s'était trouvé un pouvoir assez fort pour la faire exécuter.

Les modérés, convaincus de leur propre impuissance, se tinrent à l'écart et laissèrent le champ libre aux exaltés. Caboche et les siens commirent d'odieux excès et ils firent si bien que la bourgeoisie, pour se délivrer de leur domination, appela les Armagnacs.

Paris ne les supporta pas longtemps. La défaite d'*Azincourt* (1415) les rendit vite impopulaires. Il leur fallut faire garder Paris par les bourgeois, et les bourgeois les trahirent. Dans la nuit du 29 mai 1418, *Perrinet Leclerc*, marchand de fer au Petit-Pont, était chargé de la garde *du Guichet Saint-Germain*. Son fils, qui avait été condamné à une amende par les Armagnacs, enleva les clefs et introduisit dans Paris le sire de l'Isle-Adam, avec 800 hommes. Cette petite troupe se grossit bientôt de toute la faction des écorcheurs et, le 12 juin 1418, ils firent un horrible massacre des Armagnacs.

Leur fureur n'était point encore assouvie. Le 21 août, ils s'assemblèrent de nouveau et, malgré les supplications du duc de Bourgogne qui alla jusqu'à serrer la main du bourreau *Capeluche*, ils firent de nouveaux massacres dans les prisons.

Jean sans Peur eut recours à la ruse pour en finir avec ces bandes féroces. Il les envoya combattre les Armagnacs à *Montlhéry* et il fit mettre à mort Capeluche. Paris fut enfin pacifié.

Paris sous les Anglais. — Le honteux traité de Troyes avait donné la couronne de France au roi d'Angleterre. Le duc de Bourgogne, allié des Anglais, contint Paris. La ville, d'ailleurs, s'était si fortement compromise contre les Armagnacs qu'elle ne pouvait accepter, sans conditions, l'autorité de Charles VII. Jeanne d'Arc fut blessée devant ses murs et ne réussit point à les forcer. Après le traité d'Arras (1435), lorsque le duc de Bourgogne fut redevenu l'allié du roi de France, les bourgeois livrèrent eux-mêmes leurs portes au connétable de Richemont, et les Anglais, réfugiés dans la Bastille, obtinrent d'en sortir avec leurs biens.

La situation de Paris n'avait jamais été plus lamentable. « La misère et la faim, dit Michelet, en avaient fait un foyer de dégoûtantes maladies contagieuses, qu'on ne distinguait pas trop, mais qu'on appelait au hasard la peste. Charles VII entrevit cette chose affreuse qu'on nommait encore Paris; il en eut horreur et il se sauva... Les Anglais n'essayaient pas d'y revenir... Les deux pestes s'éloignaient, comme de concert. Les loups seuls venaient volontiers; ils entraient le soir, cherchant les charognes; comme ils ne trouvaient plus rien aux champs, ils étaient enragés de faim et se jetaient sur les hommes. Le contemporain, qui sans doute exagère, assure qu'en septembre 1438 ils dévorèrent quatorze personnes entre Montmartre et la porte Saint-Antoine. »

CHAPITRE VI

PARIS A L'ÉPOQUE DE LA RENAISSANCE

Louis XI. — Louis XI ne passa à Paris que les premières années de son règne; mais il se montra toujours favorable aux bourgeois qui l'avaient soutenu dans sa lutte contre les grands. Il institua *les Postes* et encouragea l'*Imprimerie* naissante. C'est au collège de Sorbonne que les premières presses à imprimer furent installées et c'est dans ce quartier que s'établirent d'abord les imprimeurs.

Le poète Villon, un enfant de Paris, fut sauvé du gibet par Louis XI. Ce prince, qui aimait fort la satire quand elle s'attaquait à autrui, protégea les clercs de la Basoche contre le Parlement. Ils égayaient Paris de leurs farces, soties et moralités, et ils n'épargnaient pas toujours les magistrats. Ceux-ci sévirent plus d'une fois et essayèrent à maintes reprises de faire taire leurs censeurs. Ils n'y réussirent qu'à l'époque où Louis, en proie à la terreur de la mort, alla cacher ses dernières années dans le château de Plessis-lez-Tours.

Anne de Beaujeu rendit la parole aux Basochiens et tout Paris s'égaya aux dépens des grands seigneurs qui guerroyaient contre la régente. Charles VIII fut moins tolérant ; il s'irrita de quelques traits satiriques, et sans l'intervention de l'évêque de Paris, il eût envoyé au gibet cinq des plus joyeux basochiens.

Louis XII. — Le règne de Louis XII fut, pour Paris, une époque de prospérité et de liberté. Ce roi, qui ne dépensait guère et qui administrait bien, n'avait rien à craindre de la satire ; aussi protégea-t-il toutes les sociétés dramatiques. Il fit mieux ; il se servit d'elles contre ses ennemis et il livra à leurs malices ceux qu'ils ne pouvait pas toujours vaincre sur les champs de bataille.

Le mardi gras de l'an 1511, des milliers de Parisiens assistèrent à une représentation théâtrale telle qu'on n'en a point vu depuis. Le Roi, l'Université, le Parlement, les Prévôts et le Corps de ville, avaient pris place sur des estrades et la foule se pressait autour des piliers des Halles. Le poète Gringoire fit jouer sa trilogie du *Prince des Sots*, longue allégorie, qui retraçait la lutte de Louis XII contre Jules II. Le succès fut immense, mais ce fut aussi, ou à peu près, le dernier jour de la Comédie politique.

Paris changeait d'aspect. Les rues étaient pavées et mieux entretenues et de somptueux hôtels s'élevaient. La ville prenait un air d'aisance qu'elle n'avait jamais

PLACE DE LA RÉPUBLIQUE

eu ; elle le perdit, d'ailleurs, bientôt. Le pont Notre-Dame qui s'était écroulé en 1499 fut reconstruit sous Louis XII ; c'était le plus passager de tous.

François Ier. — Les guerres d'Italie avaient répandu le goût des belles constructions. François Ier attira à sa cour des artistes célèbres, mais ce fut à *Saint-Germain*, à *Chambord*, à *Chenonceaux* et à *Fontainebleau* que les arts déployèrent toute leur magnificence. Les grands imitèrent l'exemple du roi et les rives de la Loire surtout se couvrirent d'admirables châteaux où rivalisaient l'art français et l'art italien.

Le roi fonda à Paris le *Collège Royal* ou **Collège de France.** « C'est, dit Guizot, une grande école d'enseignement supérieur qui, à travers toutes nos dissensions religieuses et toutes nos révolutions politiques, est restée debout et libre, quels qu'aient été d'ailleurs, en matière d'instruction publique, le système et le régime des établissements de l'État. »

François Ier protégea l'illustre imprimeur *Robert Estienne*, mais il permit le supplice du savant *Etienne Dolet* qui fut brûlé sur *la place Maubert*, le 3 août 1540.

L'*Hôtel-de-Ville* fut construit sur l'emplacement de l'ancienne *Maison-aux-Piliers*. Les travaux commencés en 1530 ne furent achevés qu'en 1610. Les églises *Saint-Etienne-du-Mont* et *Saint-Eustache* furent refaites et l'on rebâtit *le Louvre*.

CHAPITRE VII

PARIS PENDANT LES GUERRES DE RELIGION

La Saint-Barthélemy. — Le Protestantisme fut accueilli surtout par la petite noblesse de province, par des magistrats et par des bourgeois, mais le peuple des villes s'y montra d'abord fort hostile. Paris ne l'accepta jamais. Sous François Ier quelques hérétiques furent brûlés. *Anne Dubourg*, conseiller au Parlement, subit le même sort sous Henri II.

La guerre civile se fit d'abord autour de Paris. En

1567, le prince de Condé, à la tête de quelques milliers
de protestants, vint bloquer la ville. Le duc de Montmo-
rency alla l'attaquer *à Saint-Denis* et les catholiques
restèrent maîtres du champ de bataille.

Plus tard on combattit surtout dans l'Ouest et en
Bourgogne. Après la paix de Saint-Germain, Catherine
de Médicis prépara le mariage de sa fille, Marguerite,
avec Henri de Béarn et feignit de se réconcilier avec
les protestants.

Charles IX appela leurs chefs autour de lui et donna
toute sa confiance à Coligny. Catherine, jalouse de cette
influence nouvelle, s'entendit avec les Guises; elle réussit
à gagner Charles IX et le massacre des protestants fut
résolu. « Par la mort Dieu, avait dit le roi, puisque vous
trouvez bon qu'on tue l'amiral, je le veux; mais aussi
tous les huguenots de France, afin qu'il n'en reste pas
un qui me le puisse reprocher après. »

On exécuta sans tarder l'ordre du roi. Les portes de
Paris furent fermées, et dans la nuit du 24 août, *fête de
la Saint-Barthélemy,* la cloche de *Saint-Germain-
l'Auxerrois* donna le signal du massacre. Le duc de
Guise guida lui-même les assassins de Coligny. Des
bandes d'égorgeurs se répandirent dans tout Paris,
pénétrèrent dans les maisons des protestants et tuèrent
tout ce qui s'offrit à leurs coups. « Une fois lancé dans
la Saint-Barthélemy, dit Guizot, le peuple parisien fut
ardent en effet, mais non pas seul ardent au massacre;
les gentilshommes de la cour y prirent part avec passion,
par vengeance, par haine religieuse, par entraînement
sanguinaire, par avidité dans la perspective des confis-
cations prochaines. Téligny, le gendre de l'amiral,
s'était réfugié sur son toit; les gardes du duc d'Anjou
le prirent pour but de leurs arquebuses; la Rochefoucauld, avec qui le roi avait ri et plaisanté la veille
jusqu'à onze heures du soir, entendit frapper à sa porte,
au nom du roi; on ouvre; six hommes masqués entrent
et le poignardent. »

Le protestant d'Aubigné a rapporté que Charles IX
tirait d'une des fenêtres du Louvre sur les huguenots
qui fuyaient. Le massacre continua les jours suivants.
On peut évaluer à 3,000 le nombre des victimes, à Paris
seulement.

Journée des Barricades. — La Ligue trouva d'abord peu d'adhérents à Paris, mais lorsque le duc d'Alençon, frère du roi, fut mort, et quand Henri III n'eut plus pour successeur éventuel qu'un prince protestant, elle s'y aéveloppa rapidement. Les prédicateurs parlèrent en sa faveur et y firent entrer les masses populaires.

La mauvaise politique de Henri III le rendit vite odieux ; le duc Henri de Guise, grâce à ses victoires et à son exaltation religieuse, devint l'idole des Parisiens. Après les batailles de *Vimory* et d'*Auneau* (1587), le roi lui défendit de venir à Paris et fit occuper par 4,000 suisses les faubourgs Saint-Denis et Saint-Martin.

Guise brava les ordres du roi et arriva le 9 mai. Le peuple l'accueillit avec un indescriptible enthousiasme. Il parut alors le maître de Paris. Henri III tenta, en vain, d'opposer la force à la force. Le peuple se souleva et tout Paris se couvrit de barricades. Les Suisses, attaqués de toutes parts, demandèrent quartier. Le roi effrayé eut recours à sa mère, Catherine de Médicis. Celle-ci trompa Guise. Tandis qu'il était en conférence avec elle, Henri III s'échappait avec ses principaux conseillers. On rapporte qu'arrivé sur les hauteurs de Chaillot il s'arrêta un instant pour regarder Paris et qu'il s'écria : « Ville ingrate, je t'ai aimée plus que ma propre femme, je ne rentrerai dans tes murs que par la brèche. »

Premier siége de Paris. — Henri de Guise n'était qu'en apparence le maître de Paris. La Ligue s'y était donné une forte organisation démocratique. Le comité des Seize, formé des chefs de chacun des quartiers, avait la puissance nécessaire pour imposer ses volontés. Les prédicateurs lui prêtaient leur concours et les chaires chrétiennes retentissaient de malédictions contre Henri de Valois. Lorsqu'il se fut débarrassé par un crime, aux États de Blois, du duc de Guise et du cardinal de Lorraine son oncle, l'exaspération fut à son comble. Mayenne, frère du duc, fut proclamé lieutenant-général. Une procession à laquelle n'assistaient pas moins de cent mille personnes, portant des cierges, se déroula dans les rues. A un signal donné, les cierges s'éteignirent à la fois et tout le peuple cria : « Dieu, éteignez ainsi la race des Valois ! »

Henri III, abandonné par les villes et par une partie
de la noblesse, fit alliance avec Henri de Navarre et vint
mettre le siège devant Paris, avec 40,000 hommes. Il y
était à peine arrivé qu'il fut mortellement frappé par le
moine dominicain *Jacques Clément* (1ᵉʳ août 1589).

Deuxième siège de Paris. — Henri IV, abandonné d'une
partie de l'armée, après la mort de Henri III, fut obligé
de lever le siège et Mayenne fit proclamer roi le vieux
cardinal de Bourbon sous le nom de Charles X.

Les victoires d'*Arques* et d'*Ivry* ramenèrent bientôt
Henri IV sous les murs de Paris. Les Seize résistèrent
avec la plus grande énergie. Pendant trois mois la ville
fut bloquée et subit les horreurs de la plus cruelle
famine. Le roi, lui-même, fut touché de la misère des
Parisiens; il laissa sortir des vieillards, des femmes et
des enfants. La résistance ne pouvait plus durer longtemps lorsque le duc de Parme, avec une armée espa-
gnole, parvint à ravitailler la ville. Henri dut lever le
siège.

Fin de la Ligue. — La Ligue ne tarda point à se
diviser. Tandis que les Seize soutenaient les prétentions
du roi d'Espagne, les bourgeois et le parlement pen-
chaient pour Henri IV, à condition qu'il se fit catholique.
Les ligueurs irrités firent pendre le président *Brisson*.
Mayenne, rappelé à Paris par les modérés, tira vengeance
de ce crime. Quatre des Seize furent saisis et exécutés
et le comité fut supprimé. Les États Généraux que
Mayenne réunit à Paris (janvier 1593) refusèrent de
s'associer aux prétentions du roi d'Espagne.

Henri IV se décida enfin à mettre un terme à ces
longues discordes. Le dimanche 25 juillet 1593, il se
rendit à l'église de Saint-Denis et il abjura le Protestantisme.

Brissac, gouverneur de Paris, livra la ville au roi
pour 200,000 écus, et il reçut, en outre, le bâton de
maréchal. *Henri IV* fit son entrée dans sa capitale,
le 22 mars 1594. Les Espagnols qui s'y trouvaient
obtinrent l'autorisation de se retirer sans être attaqués.
« Allez, Messieurs et bon voyage, leur dit Henri IV
quand ils passèrent devant lui, mais n'y revenez plus. »

Sous le règne de Charles IX, les Jésuites fondèrent le
collège de Clermont (aujourd'hui Lycée Louis-le-Grand)

et le roi fit bâtir l'église de *Saint-Jacques-du-Haut-Pas*. Catherine de Médicis commença la construction des *Tuileries*, sur les plans de l'illustre architecte Philibert Delorme et de Jean Bullant.

CHAPITRE VIII

PARIS PENDANT LA FRONDE.

Richelieu. — Henri IV ne négligea rien pour l'embellissement de Paris. Il agrandit le *Louvre* et les *Tuileries* et il fit achever le *Pont-Neuf*. Les hôpitaux de *la Charité* et *Sainte-Anne* furent fondés, et l'on créa la *manufacture de tapis de la Savonnerie*. Le 14 mai 1610, Henri fut assassiné par Ravaillac dans la rue de la *Ferronnerie*.

Marie de Médicis fit bâtir le *Luxembourg* et Richelieu le *Palais-Cardinal*, qu'on a appelé depuis le Palais-Royal. Les églises *Saint-Louis-en-l'île*, Sainte-Élisabeth, Sainte-Marguerite et *Saint-Roch* s'élevèrent à la même époque. L'*Imprimerie royale* et l'*Académie Française* (1635) sont des créations de Richelieu. On ouvrit le *Jardin des Plantes* et l'on construisit plusieurs ponts parmi lesquels celui de la *Tournelle*. L'enceinte de Paris fut reculée et s'étendit jusqu'à la ligne que formèrent plus tard les *boulevards* extérieurs. On y fit entrer les faubourgs *Montmartre* et *Saint-Honoré*. C'est sous le règne de Louis XIII, en 1622, que l'évêché de Paris fut érigé en *archevêché*.

Les particuliers contribuèrent alors autant que l'État lui-même à l'embellissement de la capitale. Les quartiers du centre avec leurs rues étroites et sombres, leurs maisons mal bâties, offraient un aspect triste et rebutant, mais les voies nouvelles, plus larges, se bordèrent vite d'habitations élégantes. Les gens de finances et les seigneurs construisirent des hôtels et Paris prit un air de propreté et d'élégance.

La vieille Fronde. — Richelieu avait maintenu dans un calme profond Paris et toute la France. Mazarin, qui ne dirigea pas avec moins d'éclat la politique extérieure, fut un administrateur inhabile et sans probité. Les dépenses de la guerre de Trente ans l'obligèrent à créer de nouveaux impôts. L'édit du *Toisé* qui obligeait tous les propriétaires qui avaient bâti depuis Henri II, dans la zone des fortifications, à démolir leurs maisons ou à racheter très cher le droit de les conserver, souleva de violentes clameurs. L'*Édit du Tarif* qui frappait d'un droit les marchandises et les denrées à leur entrée dans Paris ne fut pas mieux accueilli. Le Parlement et les Cours souveraines s'assemblèrent dans la *Chambre Saint-Louis*, et ils essayèrent de jouer le rôle d'une assemblée politique.

Mazarin résista d'abord faiblement, puis, le jour même où l'on chantait un *Te Deum*, à propos de la victoire de Lens, il fit arrêter les conseillers les plus turbulents du Parlement. Le peuple connaissait peu Blancmesnil et Charton, mais le vieux *Broussel* était fort aimé. Le cardinal de Retz l'a représenté comme un homme sans intelligence ; c'était au contraire un esprit fort avisé, et un orateur remarquable. Il s'était élevé, avec une grande énergie, contre l'administration de Mazarin.

Aux cris que poussa la servante de Broussel, lorsqu'on vint saisir son maître, le peuple s'ameuta. La nouvelle se répandit vite dans tous les quartiers; on ferma les boutiques, puis, pour empêcher toute action de la troupe, on tendit les chaînes de fer qui se trouvaient à l'entrée des grandes rues, et bientôt des barricades s'élevèrent partout.

Le Parlement s'assembla tandis que la foule réclamait à grands cris la mise en liberté de Broussel. Il fut décidé qu'on irait en corps et en habit au Palais-Royal redemander les prisonniers. L'arrêt fut exécuté à l'heure même et cent soixante membres du Parlement se dirigèrent vers le Palais-Royal au milieu des acclamations et des applaudissements d'un peuple immense.

Le premier président *Mathieu Molé* fit entendre à la reine les griefs légitimes du Parlement et de la France, mais elle s'emporta et refusa de délivrer les prisonniers. Ce n'était point l'affaire de la foule. Quand le Parlement sortit du Palais-Royal, il ne trouva d'abord qu'un morne silence au lieu des acclamations passées. Il s'achemina pourtant, non sans difficulté, vers le Palais de justice. Il

était arrivé à la rue de l'*Arbre-sec* « lorsqu'un garçon
rôtisseur, s'avançant avec deux cents hommes et mettant la hallebarde dans le ventre du premier président
lui dit : « Tourne, traître, et si tu ne veux être massacré
toi-même, ramène-nous Broussel ou le Mazarin et le
chancelier en otage. » Le premier président demeura
ferme. Il rassembla ce qu'il put de la compagnie « et il
revint au Palais-Royal au petit pas, dans le feu des injures, des menaces, des exécrations et des blasphèmes. »
La reine finit par céder et Broussel fut mis en liberté.
« Il revint le lendemain au Parlement, dit Retz, ou plutôt il y fut porté sur la tête des peuples avec des acclamations incroyables. L'on rompit les barricades, l'on
ouvrit les boutiques, et en moins de deux heures Paris
parut plus tranquille que je ne l'ai jamais vu le vendredi
saint. »

Anne d'Autriche se repentit vite des concessions
qu'elle avait faites. Le 6 janvier 1649, elle s'enfuit de
Paris, pendant la nuit, avec le jeune roi et la Cour, et
elle se retira à Saint-Germain. Ce fut le signal de la
guerre civile.

Le prince de Condé prit le commandement des troupes
royales. A Paris, le Parlement se taxa pour lever des
troupes et l'on arma douze mille hommes. « Chaque
porte cochère fournit un homme et un cheval. Cette cavalerie fut appelée *la cavalerie des portes cochères*. »
Paul de Gondi, coadjuteur de l'archevêque de Paris, et
qui fut plus tard cardinal de Retz, « avait un régiment
qu'on nommait le régiment de Corinthe, parce que le
coadjuteur était archevêque titulaire de Corinthe. » Il fut
l'âme de la vieille Fronde.

Un grand nombre de princes avaient pris parti pour
le Parlement : Conti, le frère de Condé, le duc de Longueville, le duc de Bouillon, le duc de La Rochefoucauld
et le duc de Beaufort, petit-fils de Henri IV. Celui-ci
était l'idole du peuple, on l'appelait le roi des Halles.
« Il parlait comme un fort aux Halles, dit Retz, ce qui
n'est pas ordinaire aux enfants de Henri le Grand, et il
avait de grands cheveux bien longs et bien blonds. On
ne saurait s'imaginer le poids de ces circonstances et
concevoir l'effet qu'elles firent dans le peuple. »

Le quartier général des Frondeurs était « l'Hôtel de

ville. Les grandes dames du temps s'y montraient et les
duchesses de Longueville et de Bouillon, les plus achar-
nées des frondeuses, s'y étaient même installées. Ce fut
un spectacle unique et des plus gais. Le matin, les officiers escarmouchaient, sans grands risques, contre
l'armée de la reine, et, le soir, ils dansaient à l'hôtel de
ville. « Ce mélange d'écharpes bleues, de dames, de
cuirasses, de violons qui étaient dans la salle, et de
trompettes qui étaient dans la place, donnait un spectacle qui se voit plus souvent dans les romans qu'ailleurs. »

La guerre fut peu meurtrière. Les Parisiens qui sor-
taient en campagne, ornés de plumes et de rubans, re-
venaient toujours vaincus; on les accueillait par des
huées et des éclats de rire. Ce fut surtout une guerre de
chansons. Mazarin était l'objet des attaques et des
railleries les plus nombreuses.

Les Frondeurs subirent pourtant un échec grave à
Charenton. Le Parlement se lassa vite de cette guerre.
Lorsque les seigneurs cherchèrent l'alliance de l'Es-
pagne, Mathieu Molé indigné s'occupa de traiter avec la
Cour. Au mois d'avril 1649 il signa le traité de *Rueil,*
et il le maintint malgré les clameurs des grands.

La vieille Fronde, à tout prendre, avait été un mouvement en faveur de la liberté. La jeune Fronde ne fut
qu'une révolte des seigneurs contre l'autorité royale.

La Jeune Fronde. — La Fronde des princes ou jeune
Fronde n'agita guère moins Paris que la Fronde parle-
mentaire. Elle eut Condé pour chef, mais la Cour trouva
Turenne pour la défendre. La guerre se fit d'abord en
province; puis les deux armées marchèrent sur Paris
qui avait fermé ses portes. Un combat violent s'engagea
dans le faubourg Saint-Antoine. Condé vaincu n'évita
la destruction complète de son armée que grâce au ca-
non de la Bastille, qui tira sur les troupes royales.
L'ordre en avait été donné par *Mademoiselle,* fille de
Gaston d'Orléans.

Condé, maître de Paris, s'y aliéna tout le monde. Le
Parlement et la bourgeoisie lui étaient hostiles. Le 4
juillet 1652, à l'assemblée générale des bourgeois de la
ville, plus de trente d'entre eux furent massacrés sur
place, et un plus grand nombre furent blessés. La no-

blesse fit de nouveau appel à l'étranger, mais Paris se déclara pour la paix et Condé dut bientôt en sortir.

La reine-mère et le jeune roi Louis XIV y rentrèrent et Mazarin ne tarda pas à les rejoindre. « La France, dit Guizot, ne sut pas profiter des éléments de courage, de désintéressement et de patriotisme que lui offrait sa magistrature ; elle eut le malheur d'être livrée aux factions bruyantes des princes et des grands seigneurs, ambitieux ou envieux, avides d'honneurs et de richesses, empressés à combattre la Cour comme à se rapprocher d'elle et plus préoccupés de leurs intérêts personnels que du service public. »

CHAPITRE IX

PARIS JUSQU'A LA RÉVOLUTION

La royauté a Versailles. Louis XIV. — Les troubles de la Fronde laissèrent dans l'esprit de Louis XIV un souvenir tel qu'il ne voulut pas résider à Paris. Il abandonna le Louvre et il éleva le somptueux palais de Versailles où il put vivre entouré de toute sa noblesse. Il ne négligea pourtant point d'embellir Paris et il trouva, pour le seconder, son habile ministre, Colbert.

Les monuments. — Le Louvre fut continué. Claude Perrault éleva de 1666 à 1674 la fameuse *colonnade* et se montra le digne successeur de Pierre Lescot et de Lemercier ; il construisit aussi le *Val-de-Grâce* que le peintre Mignard décora de grandes peintures murales. Libéral Bruant bâtit *les Invalides;* il y fut aidé par Jules Mansard. Blondel et Bullet élevèrent les portes *Saint-Denis* et *Saint-Martin,* en souvenir des victoires de Louis XIV.

Levau continua les *Tuileries* dont le Nôtre dessina *le jardin.* Il fut ouvert au public, grâce à Colbert, et il devint vite l'endroit le plus fréquenté de Paris. Levau bâtit aussi le *Collège Mazarin* (l'Institut). L'astronome Picard et Claude Perrault donnèrent les plans de l'Observatoire. Les places du *Carrousel,* des *Victoires* et *Ven-*

dôme furent créées ou agrandies. Les boulevards furent
remplacés par de longues avenues et l'on combla les
fossés. *L'Abbaye-aux-bois*, la *Salpêtrière*, les *sémi-
naires des Missions étrangères* et de *Saint-Sulpice* sont
de la même époque.

La *manufacture des Gobelins* s'éleva aussi et compta
bientôt plus de huit cents ouvriers. Elle était dirigée par
les plus habiles peintres; on y reproduisait leurs travaux et ceux des anciens maîtres d'Italie. Lebrun était
à la tête de cet établissement.

La police. Les embellissements. — « Il s'en fallait de
beaucoup, dit Voltaire, que la ville de Paris fût ce qu'elle
est aujourd'hui; il n'y avait ni clarté, ni sûreté, ni
propreté. Il fallut pourvoir à ce nettoiement continuel des
rues, à cette illumination que cinq mille fanaux forment toutes les nuits, paver la ville entière, créer de
nouveaux ponts, rétablir les anciens, faire veiller une
garde continuelle, à pied et à cheval, pour la sûreté des
citoyens. Le roi se chargea de tout, en affectant des
fonds à ces dépenses nécessaires. Il créa, en 1667, un
magistrat, uniquement pour veiller à la police. « Ce fut
d'abord La Reynie, puis le marquis d'Argenson. On
établit des *carrosses* et des *fiacres* pour le service du public et ils remplacèrent bientôt les *chaises à porteurs*.
Un corps de pompiers fut institué. Le service des incen-
dies avait appartenu jusque-là aux capucins.

Ces améliorations donnèrent à Paris une animation
qu'il n'avait jamais eue. On cessa de fermer les boutiques
à la tombée de la nuit et la ville ne fut plus ce que Boileau l'avait vue vers 1660 :

> Car, sitôt que du soir les ombres pacifiques
> D'un double cadenas font fermer les boutiques ;
> Que, retiré chez lui, le paisible marchand
> Va revoir ses billets et compter son argent ;
> Que dans le Marché-Neuf tout est calme et tranquille,
> Les voleurs à l'instant s'emparent de la ville.
> Le bois le plus funeste et le moins fréquenté
> Est, au prix de Paris, un lieu de sûreté.

« Eh! Dieu! disait un contemporain, qu'il fait dange-
reux le soir à une lieue de Paris, combien de gens sont
souvent tués, dévalisés, massacrés, enfouis en terre,

desquels on n'entend jamais parler. Ceux qui en font
l'exécution sont en retraite mille fois plus assurée qu'en
la plus forte forêt de France. »

Les particuliers suivirent l'exemple que leur donnait
le gouvernement. « Beaucoup de citoyens construisirent
des édifices magnifiques, mais plus recherchés pour
l'intérieur que recommandables par des dehors dans le
grand goût. »

Les Lettres. L'Instruction publique. — « C'était, dit
Voltaire, un temps digne de l'attention des temps à venir, que celui où les héros de Corneille et de Racine, les
personnages de Molière, les symphonies de Lulli, toutes
nouvelles pour la nation, et (puisqu'il ne s'agit ici que
des arts) les voix des Bossuet et des Bourdaloue se faisaient entendre à Louis XIV, à Madame, si célèbre par
son goût, à un Condé, à un Turenne, à un Colbert, et à
cette foule d'hommes supérieurs qui parurent en tous
genres. » Les *Académies* des *Inscriptions*, des *sciences*,
de *musique* et *d'architecture*, le *cabinet des médailles*,
et l'*École des jeunes de langue* pour l'étude des langues
orientales, sont des créations de Colbert. Plusieurs
théâtres furent alors ouverts. Les représentations avaient
lieu l'après-midi. Ceci prouve que, malgré la splendeur
de la Cour, le peuple était encore fort pauvre et inca-
pable de goûter les spectacles un peu relevés. Le théâtre
était fréquenté seulement par les nobles, les financiers
et les riches bourgeois. La foule avait les *spectacles de
la foire* et ceux du *Pont-Neuf.*

Il y avait alors à Paris des *écoles payantes* et des
écoles de charité. Celles-ci étaient des fondations pieuses
et étaient toujours rattachées à quelque église. L'enseignement y était absolument élémentaire. Ces écoles,
assez peu fréquentées, relevaient de la *cathédrale* et
étaient placées sous la surveillance du *Chantre.* On appelait ainsi l'un des chanoines de la cathédrale qui avait
rang immédiatement après le doyen du chapitre.

Les collèges, où les jeunes nobles et les jeunes bourgeois recevaient l'instruction secondaire étaient plus
florissants. L'étude des lettres était en honneur dans les
collèges de l'Université et des Jésuites.

La misère. — Les dernières années de Louis XIV furent marquées par de grands désastres militaires et par

une misère horrible. *L'hiver de 1709* fit de nombreuses
victimes à Paris et des milliers de malheureux s'entas-
sèrent dans les hôpitaux trop étroits. La mort du roi
(septembre 1715) fut accueillie comme une délivrance.
« J'ai vu, dit Voltaire, de petites tentes dressées sur le
chemin de Saint-Denis, on y buvait, on y chantait, on y
riait. » On fit des feux de paille, en signe de réjouis-
sance, à tous les carrefours.

Louis XV. — *Le Système de Law.* — Le régent, Philippe d'Orléans, abandonna Versailles et vint s'établir
au Palais-Royal. En 1717, Pierre le Grand, czar de
Russie, visita Paris. La régence fut une époque de fêtes
et de vie élégante, mais aussi de mœurs dissolues. Le
système de Law donna d'abord une grande impulsion
aux affaires, et la ville prit une animation extraordinaire; les étrangers y vinrent en grand nombre. Lorsque la banque de Law fut devenue banque royale, une
fièvre d'*agiotage* s'empara de tout le monde. La rue
Quincampoix, où était la banque, ne suffisait plus à contenir la foule. On s'entassait jusque sur les toits. Des
fortunes énormes furent faites en un moment. On a
rapporté que le domestique d'un banquier avait gagné
50 millions, qu'un Savoyard en avait gagné 40. Un bossu
acquit 150,000 livres en louant son dos pour servir de
pupitre. Il est vrai que toutes ces fortunes furent de
courte durée. Ceux qui ne surent point échanger à temps
leurs actions contre de l'or, n'eurent plus en main qu'un
papier sans valeur.

Les Convulsionnaires. — Le cardinal de Fleury remit
un peu d'ordre dans les affaires, mais il eut le tort de
pratiquer l'intolérance religieuse. Il persécuta les jansénistes et exila quarante membres du Parlement. Le
diacre Páris, janséniste renommé par ses austérités,
était mort en 1727. Le bruit se répandit bientôt que des
miracles s'accomplissaient sur son tombeau au cimetière Saint-Médard. Les malades s'y rendaient en foule.
Quelques-uns étaient pris de convulsions qu'on regar-
dait comme miraculeuses. Le gouvernement laissa faire,
puis on finit par fermer le cimetière (1732).

Le Parlement et le Clergé. — De 1749 à 1753, Paris fut
agité par la lutte du Parlement contre le clergé. L'archevêque, Christophe de Beaumont, prescrivit de refuser

LA FONTAINE ET LA PLACE SAINT-MICHEL.

les sacrements à ceux qui étaient entachés de jansé-
nisme ; le Parlement rendit un arrêt qui ordonnait aux
prêtres de les administrer aux malades, et il les y fit con-
traindre par des recors de justice. L'archevêque résista
et prononça l'excommunication contre les jansénistes.
Le roi finit par exiler le Parlement et l'archevêque (1753).
Il les rappela bientôt, puis il sévit contre les magistrats. Sur ces entrefaites, François Damiens tenta
d'assassiner Louis XV, et fut écartelé. En 1771,
le chancelier Maupeou composa un Parlement nouveau.

La Misère. — Tandis que la royauté achevait de perdre
son prestige dans des luttes stériles, la misère du peuple
était plus grande que jamais. Les impôts étaient lourds
et ils étaient recueillis avec une violence dont on se
ferait difficilement idée. Le gouvernement ne faisait à
peu près rien pour soulager la misère du peuple. La mortalité était effrayante dans les hôpitaux. « A l'Hôtel-
Dieu de Paris, dit M. Duruy, on comptait deux morts sur
neuf malades, le triple d'aujourd'hui. Telles étaient l'in-
suffisance des secours et l'ignorance des plus simples
règles de l'hygiène, que, dans cet hôpital, le plus riche
de France, on réunissait les malades de toute sorte,
sans exclure ceux qui étaient atteints d'affections contagieuses, dans les mêmes salles, et jusqu'à cinq et six
dans le même lit, car il n'y avait que 1,219 lits servant
quelquefois à 6,000 malades. »

Les Monuments. — Louis XV, à l'époque de sa majorité, réinstalla la cour à Versailles, et il fit assez peu
pour Paris. Son règne fut cependant signalé par quelques établissements utiles. Il créa l'École militaire où
devaient être élevés cinq cents gentilshommes destinés
au métier des armes. La *Halle au blé*, le *Ministère de
la marine*, le *Garde-Meuble* et l'*Hôtel des monnaies* sont
des constructions de cette époque.

En 1758, l'architecte *Soufflot* fit commencer les travaux du *Panthéon*. Il était destiné à remplacer l'église
de l'abbaye Sainte-Geneviève. Louis XV posa la première pierre du dôme en 1764. Le sommet de la lan-
terne qui surmonte le dôme est à 117 mètres au-dessus
du niveau de la Seine.

La Madeleine, qui ne devait être achevée que sous

Louis-Philippe, fut commencée en 1763. Servandoni construisit le portail de Saint-Sulpice.

C'est sous le règne de Louis XV qu'on inscrivit pour la première fois le nom des rues, sur des cartouches de pierre, à chacune de leurs extrémités ; on numérota aussi les maisons.

Louis XVI. — Les premières réformes de Louis XVI le rendirent d'abord fort cher aux Parisiens. Les philosophes avaient créé un esprit tout nouveau et l'on atten- dait les réformes qui mettraient d'accord le gouvernement et les idées.

Lorsque Voltaire vint à Paris, en 1778, on lui fit une longue ovation au Théâtre-Français. En 1782, à l'occasion de la naissance du Dauphin, la ville offrit à Louis XVI une fête magnifique.

L'Enceinte de 1786. — Paris n'avait pas cessé de grandir, même quand les rois eurent fait de Versailles leur résidence ordinaire La population, qui n'était guère que de 200,000 habitants sous saint Louis, s'élevait à 510,000 à la mort de Louis XIV, et elle était de 610,000 quand la Révolution éclata. En 1784, l'enceinte fut reculée jusqu'aux *boulevards extérieurs ;* elle avait ainsi 24 kilomètres environ.

Les Embellissements.—Les Théâtres. — Paris ne cessa point de s'embellir pendant le XVIIIᵉ siècle. La richesse était mal répartie, mais elle s'était développée, et avec elle le goût des plaisirs intellectuels. La ville qui n'avait qu'un théâtre en 1600, celui des *Confrères de la Passion,* qui devint l'*Hôtel de Bourgogne,* vit bientôt s'élever le *Théâtre du Marais,* puis celui des *Italiens,* 1653, et celui de l'*Opéra,* en 1669. En 1680, Louis XIV réunit la *troupe de Molière,* ou troupe royale, avec les comédiens de l'*Hôtel de Bourgogne,* à la salle *Guénégaud,* et leur donna des règlements. En 1689, ils durent quitter la rue Mazarine et ils s'établirent dans celle qu'on a appelée depuis rue de l'*Ancienne-Comédie;* ils y restèrent jusqu'en 1770. En 1782, ils s'installèrent dans une salle nouvelle, bâtie à l'endroit qu'occupe aujourd'hui l'Odéon. Ce ne fut qu'en 1790 qu'ils se fixèrent dans la salle de la rue Richelieu. La *Gaîté,* l'*Ambigu-Comique* et l'*Opéra-Comique* datent du règne de Louis XV. Sous Louis XVI, on ouvrit le théâtre de *Mon-*

sieur et divers petits théâtres sur le boulevard du
Temple.

CHAPITRE X

1. — *La Constituante et la Convention*

Les événements dont Paris fut le théâtre, pendant la
Révolution, ont eu des conséquences telles qu'ils appar-
tiennent à l'histoire générale, autant, au moins, qu'à
l'histoire de Paris. On les trouvera racontés dans notre
précis, nous ne ferons donc, pour la plupart, que les
rappeler ici en peu de mots.

Prise de la Bastille, 14 juillet 1789. — Les élections
aux États Généraux furent marquées, à Paris, par quelques troubles. Une bande d'hommes armés, auxquels
une impunité inexplicable fut d'abord laissée, pillèrent la
maison du papetier *Réveillon*, qu'on accusait d'avoir pro-
posé une diminution des salaires. L'assemblée des électeurs, qui avait été désignée par les assemblées primaires réunies dans soixante sections de vote, n'acheva
ses travaux que le 20 mai. Les députés de la capitale ne
prirent donc point part aux premiers travaux des États.

La cour, inquiète des dispositions de l'Assemblée constituante, avait réuni plusieurs régiments autour de Paris.
On parlait d'un coup d'État, et l'agitation était grande.
La nouvelle du renvoi de Necker (12 juillet) fut le signal
de la résistance. Un jeune homme, Camille Desmoulins,
harangua la foule au Palais-Royal. On promena dans
les rues les bustes de Necker et du duc d'Orléans, cou-
verts de crêpe. Les attroupements furent dispersés, mais
pendant la nuit on brûla les barrières.

La journée du 13 juillet fut encore plus agitée. On
s'occupa de créer une garde parisienne qui devait être
de quarante-huit mille hommes. On adopta la cocarde
rouge et bleue, aux couleurs de la ville. On chercha des

armes; il n'y en avait pas. Il fut décidé qu'on fabrique-
rait cinquante mille piques.

Le lendemain (14 juillet) la foule, impatiente et redoutant l'attaque d'une armée royale, se porta *aux Invalides*, y pénétra et s'empara de 28,000 fusils et de quelques canons; puis, de toutes parts, on se dirigea vers la
Bastille. Elle était défendue par son gouverneur Delau-
nay, 40 Suisses et 80 invalides. Après de longs pour-
parlers, le siège commença. Le peuple essaya de briser
les portes; la garnison fit une décharge à mitraille qui
fit de nombreuses victimes. L'arrivée des gardes françaises avec de l'artillerie donna l'avantage au peuple.
La forteresse capitula. Le gouverneur, quelques invalides et quelques Suisses furent mis à mort malgré les
efforts que firent pour les sauver ceux qui étaient à la
tête des combattants. Le prévôt des marchands, *Fles-
selles*, qu'on accusait d'avoir trompé le peuple, fut pris
et conduit par la foule vers le Palais-Royal, où l'on devait le juger. Mais au coin du quai Pelletier un inconnu
s'avança vers lui et l'étendit mort d'un coup de pistolet.

Journées des 5 et 6 octobre. — La prise de la Bastille
effraya la cour et la fit renoncer à toute tentative de
coup d'État. Le roi rappela les troupes de Paris et il y
vint lui-même. Bailly avait été nommé maire et La
Fayette commandant de la garde bourgeoise. On fit au
roi une réception enthousiaste.

La réconciliation dura peu. C'est en vain que l'Assemblée vota, dans la nuit du 4 août, l'abolition de tous
les privilèges, les partisans de la royauté absolue
n'avaient point perdu tout espoir. Des troupes étaient
rassemblées à Versailles; on parlait du départ du roi
pour la frontière; bientôt on apporta la nouvelle que,
dans un banquet des gardes du corps, on avait distribué
des cocardes blanches et foulé aux pieds la cocarde
tricolore. L'insurrection éclata le 5 octobre au cri de :
A Versailles. Les femmes partirent les premières, con-
duites par *Maillard*, puis vint la foule. gens du peuple,
gardes nationaux, et gardes françaises. La Fayette, qui
n'avait pu les retenir, se mit à leur tête. Pendant tout le
jour il contint cette masse d'hommes qui s'était répandue
autour du château. La nuit, une attaque eut lieu, et les
appartements du roi furent un moment forcés.

LA BOURSE

La Fayette parvint à calmer le peuple et le 6 octobre « la famille royale partit pour Paris, escortée par la foule et par ses gardes mêlés avec elle. » L'Assemblée elle-même vint bientôt s'y fixer.

La Fédération (14 juillet 1790). — Le premier anniversaire du 14 juillet fut célébré avec un éclat extraordinaire; ce fut une des plus belles journées de la Révolution. Un immense cortège, électeurs, députés, fédérés des départements, traversa la ville de la *Bastille* au *Champ de Mars*, où se pressaient plus de 400,000 spectateurs. L'évêque d'Autun célébra la messe et le Roi jura fidélité à la Constitution nouvelle au milieu d'un enthousiasme extraordinaire.

Mort de Mirabeau. — Louis XVI ne sut point accepter sans arrière-pensée le nouvel ordre de choses, et il perdit vite sa popularité. Mirabeau, le plus grand orateur de l'Assemblée Constituante, essaya, en vain, de sauver la royauté. Il mourut le 2 avril 1791, et Paris lui fit de magnifiques funérailles. La fuite du roi et son retour à Paris, au milieu du silence de la foule, suivirent de près la mort de Mirabeau.

Journées du 20 juin et du 10 août. — La Révolution faisait de rapides progrès. Le peuple, surexcité par les clubs et par les débuts malheureux de la guerre qui venait d'éclater, se porta une première fois aux Tuileries, le 20 juin (1792), et força Louis XVI à se coiffer du bonnet rouge; il y revint le 10 août, à la suite du manifeste de Brunswick, emporta le château que défendaient les Suisses, et le roi dut se retirer dans la salle où siégeait l'Assemblée Législative. Il fut suspendu de ses fonctions et enfermé au Temple.

Le 2 septembre 1792, à la nouvelle de la prise de Longwy par les Prussiens, des bandes armées se répandirent dans les prisons où étaient enfermés de nombreux suspects et y commirent d'affreux massacres.

Paris sous la Convention. — La Convention fit d'abord le procès de Louis XVI. Il fut condamné à mort et exécuté sur la place Louis XV, qu'on appela plus tard place de la Concorde (21 janvier 1793).

Les Girondins et les Montagnards ne tardèrent point à se diviser. Ceux-ci, soutenus par les clubs les plus exaltés, lancèrent le peuple des faubourgs contre leurs adversaires. Les insurrections des 27 et 31 mai contraignirent la Convention à supprimer la commission des douze où dominait le parti de la Gironde.

Le 2 juin, une nouvelle et plus formidable insurrection éclata : Marat, qui en était l'instigateur, sonna lui-même le tocsin à l'Hôtel-de-Ville. Henriot prit le commandement des forces insurrectionnelles et investit la Convention avec 80,000 hommes. L'Assemblée menacée sortit tout entière de la salle de ses séances et se porta au-devant des insurgés. Henriot fit pointer deux canons sur les députés qui reculèrent. Ils rentrèrent et ils votèrent la proscription des Girondins.

Chute de Robespierre. — Les Montagnards ne restèrent pas longtemps unis. Hébert tomba le premier, puis ce fut le tour de Danton. Marat avait péri de la main de Charlotte Corday.

La terreur redoubla; elle fit à Paris de 2 à 3,000 victimes. Robespierre apparut alors comme le chef de la Convention. Il fit célébrer la Fête de l'Être suprême, avec une grande pompe, et il y parut lui-même en avant de ses collègues. Tallien et Billaud-Varennes s'unirent contre lui. Ils le dénoncèrent et le firent mettre en arrestation avec ses amis le 9 Thermidor (27 juillet 1794). La Commune s'insurgea et les délivra; mais la garde nationale prit parti pour la Convention et Robespierre fut envoyé à l'échafaud avec Saint-Just et les plus violents de ses amis.

Insurrection contre la Convention. — Leur chute ne mit pas fin à cette période sanglante. Les Jacobins et les faubourgs entrèrent en lutte contre les sections. Un premier mouvement en germinal et l'insurrection du 1ᵉʳ prairial échouèrent. Le parti démocratique vaincu, on désarma les faubourgs.

Les royalistes avaient relevé la tête. Des révolutionnaires avaient été massacrés dans le Midi et les élections étaient proches. La Convention décréta que deux tiers de ses membres feraient partie de droit des assemblées nouvelles. Les royalistes irrités préparèrent une révolte. Barras fut chargé de défendre l'Assemblée; il s'adjoignit Bonaparte qui venait de se distinguer à Toulon. Cinq mille soldats gardaient la Convention; quarante mille hommes marchaient contre elle. Le combat s'engagea dans la rue Saint-Honoré; les sectionnaires en furent chassés et on les débusqua de Saint-Roch où ils s'étaient fortement établis. La réaction était vaincue à son tour (13 vendémiaire).

Institutions de la Convention. — Ces terribles agitations et la lutte qu'elle soutenait contre l'étranger n'empêchèrent point la Convention de faire des institutions utiles et durables.

L'Ecole Polytechnique, *l'Ecole Normale supérieure*, *le Conservatoire des Arts et Métiers* furent créés à Paris. On décréta la formation *du Musée du Louvre* et *Lakanal* fit fonder le Muséum d'Histoire naturelle dans le *Jardin du Roi* ou *Jardin des Plantes*.

Les *Archives Nationales*, le *Musée d'Artillerie* et le *Bureau des Longitudes* à *l'Observatoire*, sont dus aussi à la Convention. Elle réorganisa les Académies et leur réunion forma l'Institut.

Paris, qui était devenu, lors de la nouvelle division de la France en 1790, le chef-lieu du département de la Seine, fut divisé en 1796 en douze arrondissements.

II

2. — *Le Directoire.*

La vie à Paris. — « On sortait affaibli et froissé de la tourmente révolutionnaire, dit Mignet; chacun se rappelant l'existence politique avec effroi, se jeta d'une manière effrénée vers les plaisirs et les relations de l'existence privée, si longtemps suspendues. Les bals, les festins, les dissipations licencieuses, les équipages, reparurent avec plus de vogue que jamais; ce fut la réaction des habitudes de l'ancien régime. Le règne des Sans-Culottes ramena la domination des riches; les clubs firent renaître les salons. Du reste, il n'était guère possible que ce premier symptôme de la reprise de la civilisation nouvelle ne fût point aussi désordonné. Les mœurs directoriales étaient le produit d'une autre société, qui devait reparaître avant que la société nouvelle eût réglé ses rapports et fait ses propres mœurs.

Dans cette transition, le luxe devait faire naître le travail; l'agiotage se mêler au commerce; les salons amener le rapprochement des partis, qui ne pouvaient se souffrir que par la vie privée; enfin, la civilisation recommencer la liberté. »

Le Palais-Royal et l'Elysée devinrent les rendez-vous à la mode. Les femmes s'y montraient en robes flottantes et à taille courte. Le directeur Barras donna le ton aux *muscadins* et aux *incroyables*. Les coups d'Etat furent exécutés dans les Assemblées et la masse n'intervint pas. Le Club royaliste *de Clichy* était en lutte avec le Club républicain *de Salm*. Le *18 fructidor* renversa les royalistes et les journées *du 18 et du 19 Brumaire* amenèrent la chute du Directoire au profit de Bonaparte, « d'un homme seul, qui changerait bientôt la France en un régiment et qui ne ferait entendre dans le monde, jusque là agité par une si grande commotion morale, que les pas de son armée et le bruit de sa volonté (1). »

CHAPITRE XI

PARIS SOUS LE CONSULAT ET SOUS L'EMPIRE

Le Consulat. — Bonaparte, devenu premier Consul après le coup d'Etat du 18 Brumaire (9 novembre 1799), s'installa aux Tuileries. Le Tribunat et le Conseil d'Etat siégeaient au Palais-Royal, le Sénat au Luxembourg et le Corps législatif au Palais-Bourbon.

L'administration de la capitale fut réorganisée. On créa un Préfet de la Seine qui eut les attributions d'un Maire de Paris; il y avait en outre un Préfet de police qui devait veiller à la sécurité de la ville et du Gouvernement.

L'attentat de la rue Saint-Nicaise. — La vie de Bona-

(1) Mignet.

HÔTEL-DE-VILLE

parte fut mise en péril par une *machine infernale*. Elle éclata dans la rue Saint-Nicaise au moment où la voiture du premier Consul, qui se rendait à l'Opéra, venait d'y passer; huit personnes furent tuées et vingt-huit blessées. On sévit contre les républicains qui étaient étrangers au complot. Il avait eu pour organisateurs quelques royalistes.

Créations du Consulat. — C'est du Consulat que date la création des Lycées et de l'Ecole des services publics, qu'on a appelée ensuite l'Ecole des Ponts et Chaussées. L'*Ecole de Droit* et celle *de Médecine* reçurent une organisation nouvelle. La *Banque de France* fut fondée. On commença à jeter sur la Seine trois nouveaux ponts, celui *des Arts* et ceux qu'on nomma plus tard ponts d'*Austerlitz* et d'*Iéna*.

Le Concordat rétablit officiellement le catholicisme que la Convention avait proscrit, et les Eglises furent rendues au culte.

Napoléon Ier. — Les complots dirigés contre la vie de Bonaparte servirent son ambition. Il fut nommé Consul à vie, puis bientôt Empereur, sous le nom de Napoléon Ier, au mois de mai 1804. Le pape Pie VII vint à Paris et le sacra à Notre-Dame, le 2 décembre de la même année.

Monuments et fondations. — Paris, qui était devenu la capitale d'un immense Empire, s'agrandit rapidement. On ouvrit la *rue de Rivoli* et le *Panthéon* fut achevé. La *Colonne de la place Vendôme* fut élevée avec les canons pris à l'ennemi (1806). On construisit les *Arcs de Triomphe* du *Carrousel* et de l'*Etoile*. On érigea la fontaine du *Château-d'Eau* et l'on bâtit les *greniers d'abondance*. Le *Canal Saint-Martin* permit d'abréger la navigation de la Seine.

Le blocus continental qui fermait le continent aux marchandises anglaises stimula notre industrie. *Oberkampf* créa, avec l'appui de l'Empereur, la fabrication des toiles peintes, et *Lasteyrie* établit à Paris la première imprimerie lithographique. L'éclairage par le gaz commença à Paris en 1812.

L'Invasion (1814). — Les guerres continuelles de Napoléon lassèrent Paris et la France. Son ambition, que rien n'avait pu contenir, souleva toute l'Europe contre lui et l'ennemi pénétra sur notre territoire.

Le 30 mars 1814, les alliés attaquèrent Paris. On n'avait pas pris soin de le fortifier. 13,000 soldats, des gardes nationaux, des hommes du peuple et les élèves de l'École Polytechnique, résistèrent héroïquement à près de deux cent mille ennemis. Un rude combat s'engagea à la barrière de Clichy ; le maréchal Moncey et la garde nationale y firent des prodiges. Marmont combattit sur le plateau de Romainville, et Mortier à la Villette et à la Chapelle-Saint-Denis.

Le lendemain, 31 mars, Marmont signa une capitulation qui livrait Paris à l'ennemi, mais laissait aux troupes le droit de se retirer.

Louis XVIII fut appelé au trône. Le traité de Paris fit rentrer la France dans ses limites de 1792.

Deuxième Invasion. — Le nouveau roi ne sut point faire respecter la Charte qu'il avait donnée à la France. Il souleva de tels mécontentements que Bonaparte, quittant l'île d'Elbe, put rentrer aux Tuileries (le 20 mars 1815) sans qu'un coup de fusil eût été tiré.

Le désastre de Waterloo livra une seconde fois la France à l'invasion. Les troupes françaises évacuèrent Paris et les alliés y rentrèrent le 6 juillet 1815. Ils le traitèrent durement. Les Prussiens surtout poussèrent leurs exigences au dernier point. Blücher imposa à la ville une contribution de cent millions ; il prescrivit aux sentinelles « de faire feu sur quiconque les braverait du geste, de la parole ou du regard » et il voulait détruire le pont d'Iéna et la colonne Vendôme. En même temps nos musées étaient mis au pillage. Le second traité de Paris fut encore plus onéreux que le premier.

Le gouvernement, de son côté, sévit contre les lieutenants de Napoléon qui l'avaient servi pendant les Cent jours. *La Bédoyère* fut fusillé dans la plaine de Grenelle et *Ney* subit le même sort près de l'Observatoire, là où s'élève aujourd'hui sa statue.

CHAPITRE XII

PARIS SOUS LA MONARCHIE PARLEMENTAIRE

1. — *La Restauration.*

Paris sous Louis XVIII. — Le gouvernement de la Restauration fut toujours impopulaire à Paris. La capitale ne fut guère représentée dans la Chambre des députés que par des opposants. Des complots se formèrent de bonne heure; *celui des patriotes* fut découvert et amena la mort de huit conjurés qui furent exécutés sur la place de Grève. Plus tard les *Quatre sergents de la Rochelle* subirent le même sort.

Le 13 février 1820, un ouvrier sellier, nommé Louvel, assassina le duc de Berry, à sa sortie de l'Opéra. Ce fut le signal d'une violente réaction. Louis XVIII mourut le 16 septembre 1824 et fut enterré à Saint-Denis.

Réaction royaliste. — Le mécontentement grandit sous Charles X. Lorsque le plus populaire des orateurs de l'opposition, le général Foy mourut, Paris lui fit d'imposantes funérailles. La garde nationale, ayant pris part à une manifestation contre le ministère Villèle fut licenciée. Les élections de 1827, qui donnèrent le pouvoir à M. de Martignac et aux libéraux, réconcilièrent un moment le roi et la nation, mais lorsque Charles X appela aux affaires, en 1829, le prince Jules de Polignac et les plus ardents réactionnaires, une lutte parut imminente.

Révolution de Juillet 1830. — Elle éclata à la suite de la publication des *ordonnances de Juillet*. Paris se souleva tout entier contre le gouvernement qui venait de violer la Charte et qui menaçait à la fois toutes les libertés.

Charles X avait donné à Marmont le commandement de l'armée qui devait combattre Paris. La bataille s'engagea le 28 juillet, et la foule emporta l'Hôtel-de-Ville. Le lendemain, le Louvre et les Tuileries furent occupés et l'armée se retira vers Neuilly. Le 30, l'insurrection était maîtresse de toute la ville. Le roi voulut alors faire des concessions, mais elles furent repoussées et il dut s'exiler.

Ces trois journées avaient coûté la vie à plus de cinq mille hommes. On éleva la Colonne de Juillet, sur la place de la Bastille, en l'honneur de ceux qui avaient péri pour la cause populaire.

Créations. — Le gouvernement de la Restauration créa l'*École des Charles* (1821) et ouvrit à Paris la première salle d'Asile. Il acheva la Bourse et fit construire l'église Saint-Vincent de Paul. On replaça la statue de Henri IV sur le Pont-Neuf et celle de Louis XIV à la place des Victoires. Le Préfet de police, M. de Belleyme, établit le service des omnibus.

Sous le règne de Charles X, les théâtres furent agités par la lutte des Classiques et des Romantiques. Ce fut une belle époque pour les lettres et pour les arts.

2. — *Louis-Philippe Ier*.

Les premières années de Louis-Philippe. — L'avènement au trône de Louis-Philippe Ier n'avait pas satisfait tous les partis qui avaient contribué à la chute de Charles X, aussi les premières années du nouveau règne comptèrent-elles parmi les plus agitées que Paris ait connues. Les associations secrètes se multiplièrent et une secte nouvelle, celle des *Saint-Simoniens* se proposa de réformer complètement la société.

Le procès des ministres de Charles X donna lieu à une longue agitation autour du Luxembourg. Les royalistes profitèrent de la désunion des combattants de Juillet pour se livrer à une active propagande. Un service fut organisé en mémoire du duc de Berry dans l'église Saint-Germain l'Auxerrois et l'on s'y livra à des manifestations légitimistes (13 février 1831). Le peuple s'ameuta, pénétra dans l'église et brisa le catafalque. Le lendemain, il se porta à l'Archevêché, le mit à sac et le détruisit. Le préfet Odilon Barrot, qui n'avait rien fait pour réprimer ces désordres, donna sa démission.

Casimir Périer. — Casimir Périer, qui fut appelé au

ministère, le 13 mars 1831, raffermit le gouvernement. Il fit dissiper les attroupements par la force armée et déjoua sans peine quelques complots. L'ordre fut vite rétabli.

Un fléau terrible, qui s'abattit alors sur Paris, suspendit un moment la lutte des partis. Une épidémie, venue d'Orient, le *choléra*, avait déjà exercé de grands ravages en Europe lorsqu'elle se manifesta à Paris au mois de mars 1832. Le fléau sévit avec une extrême violence, il fit 27,000 victimes dans le département de la Seine, dont 20,000 à Paris. Casimir Périer, qui avait visité les hôpitaux avec le duc d'Orléans, y contracta les germes du mal et succomba le 16 mai.

Insurrection des 5 et 6 Juin. — Le général Lamarque, l'un des chefs de l'opposition, étant mort lui-même du choléra, ses funérailles furent l'occasion d'une émeute. Des cris séditieux furent poussés sur le parcours du cortège et la foule essaya d'entraîner La Fayette à l'Hôtel-de-Ville ; dispersée par les soldats, elle éleva des barricades au faubourg Saint-Antoine et dans la Cité. Le lendemain, 6 juin, les troupes, sous la conduite de Lobau, s'emparèrent des barricades. Deux mille insurgés, qui s'étaient cantonnés autour de l'église Saint-Merry, s'y défendirent opiniâtrement et périrent pour la plupart. L'Ecole Polytechnique fut licenciée, et l'artillerie de la Garde nationale qui, sous les ordres de Bastide, avait pris parti pour le peuple, fut dissoute.

Insurrections républicaines. — Des soulèvements éclatèrent simultanément dans diverses grandes villes au mois d'avril 1834. A Paris, la lutte s'engagea dans le quartier Saint-Martin. Bugeaud, qui dirigeait l'armée, triompha de l'émeute après deux jours de lutte (13 et 14 avril). L'épisode de la rue *Transnonain*, qui eut un grand retentissement, se rapporte à cette émeute. Des soldats transportaient à l'hôpital un capitaine qui venait d'être blessé ; un coup de feu partit d'une maison et tua le capitaine. Les soldats furieux envahirent la maison et passèrent tous les habitants par les armes. Cinq ans plus tard une nouvelle insurrection, fomentée par Blanqui, Martin Bernard et Armand Barbès, s'empara un moment, par surprise, de l'Hôtel-de-Ville, et fut facilement réprimée.

Attentats contre Louis-Philippe. — Le roi fut plusieurs fois, à Paris, l'objet de tentatives criminelles. En 1832, un coup de pistolet fut tiré sur lui aux environs du Pont-Royal. Le 8 juillet 1835, comme il passait sur les boulevards une revue de l'armée et de la garde nationale, l'explosion d'une *machine infernale* vint semer la mort autour de lui. Le maréchal Mortier fut tué avec treize autres personnes et l'on compta vingt-sept blessés. Fieschi, qui avait agi à l'instigation de Pépin et de Morey, fut exécuté avec ses complices. Les attentats d'Alibaud, de Meunier et de Darmès échouèrent également.

La Question d'Orient et les fortifications de Paris (1840). — La France avait pris parti pour le pacha d'Egypte dans sa lutte contre le sultan. L'Angleterre, qui soutenait celui-ci, fit régler le différend contre nous par les grandes puissances. La colère fut extrême en France. M. Thiers, qui était décidé à la guerre, fit voter les fortifications de Paris. On construisit une enceinte fortifiée et des forts détachés. Cette manifestation belliqueuse resta sans effet et le roi abandonna le pacha d'Egypte.

Cette même année, le prince de Joinville ramena de Sainte-Hélène à Paris les cendres de Napoléon Ier (15 décembre). Une cérémonie imposante eut lieu à cette occasion et le cortège s'avança par l'Arc-de-Triomphe et les Champs-Elysées jusqu'aux Invalides au milieu d'un immense concours de peuple.

Mort du duc d'Orléans. — Les huit années du ministère Guizot furent calmes à Paris. Le 13 juillet 1842, le duc d'Orléans, fils aîné du roi, au moment de partir pour le camp de Saint-Omer, se rendait à Neuilly auprès de sa famille. La voiture qui le conduisait s'emporta à la hauteur de la porte Maillot et il fut précipité sur le pavé. La mort de ce prince populaire causa à Paris une vive émotion et fut un coup terrible pour la monarchie de Juillet.

Monuments et créations. — Louis-Philippe construisit peu de monuments nouveaux. Il fit achever la *Place du Trône*, l'*Arc-de-Triomphe de l'Etoile* et l'*église de la Madeleine*, et restaurer la *Cathédrale* et le *Palais de Justice.*

La *Colonne de Juillet* fut érigée et l'on dressa, sur la place de la Concorde, l'*obélisque de Louqsor*, qui avait été amené d'Egypte.

La construction ou l'achèvement de l'*Eglise Saint-Vincent de Paul*, du *Palais de la Chambre des députés*, de l'*Ecole Normale*, du *Collège de France* et de la *Fontaine Molière*, du *Palais du quai d'Orsay*, de l'*Ecole des Beaux-Arts*, des *ponts des Saints-Pères*, de l'*Archevêché* et de *Louis-Philippe* sont aussi des travaux de cette époque. Paris s'embellit; des rues nouvelles s'ouvrirent et l'on commença la construction des *chemins de fer*.

CHAPITRE XIII

LA RÉPUBLIQUE DE 1848

Révolution du 24 février 1848. — M. Guizot, maître de la majorité dans les Chambres, s'était refusé à toute concession. Des banquets réformistes avaient eu lieu dans plusieurs villes. Le préfet de police interdit celui qui était annoncé à Paris dans le XII° arrondissement. Le 22 février, des rassemblements se formèrent et l'on pilla quelques boutiques d'armuriers. Le 23, la garde nationale, qu'on avait convoquée, se rassembla aux cris de: Vive la Réforme! le roi céda et accepta la démission de M. Guizot. Paris rentrait dans l'ordre quand un événement fortuit précipita la crise. Des bandes qui parcouraient les rues étant arrivées devant le ministère des Affaires étrangères, se virent barrer le passage par un bataillon d'infanterie. Un coup de feu fut tiré et la troupe y répondit par une décharge meurtrière. On cria à la trahison, on promena les morts dans des tombereaux à la lueur des torches, et des barricades s'élevèrent.

Le lendemain, 24 février, le poste du Château-d'Eau fut forcé et l'émeute se répandit autour des Tuileries. Le roi abdiqua et se retira à Saint-Cloud, d'où il partit bientôt pour l'Angleterre.

Un gouvernement provisoire fut installé à l'Hôtel-de-Ville et, le 25 février, il proclama la République.

La mairie centrale de Paris fut rétablie. *Garnier Pagés* fut nommé maire; il fut bientôt remplacé par *Armand Marrast*.

Attentat du 15 mai. — L'Assemblée Constituante qui fut élue par le suffrage universel le 23 avril 1848 mit à la tête du gouvernement Arago, Garnier-Pagès, Marie, Lamartine et Ledru-Rollin. Les chefs du parti socialiste organisèrent le 15 mai une manifestation en faveur de la Pologne et envahirent la Chambre des députés. La garde nationale et la garde mobile délivrèrent l'Assemblée, mais cette atteinte à la représentation nationale mécontenta la province et servit les intérêts des ennemis de la République.

Insurrection de Juin. — Une nouvelle et plus formidable émeute vint bientôt effrayer Paris et la France entière. Le Gouvernement provisoire avait créé des ateliers nationaux en faveur des ouvriers sans travail. L'Assemblée prononça leur dissolution. Ce fut le signal de l'émeute. Le 23 juin, des barricades s'élevèrent dans les quartiers populaires. Le général Cavaignac fut placé à la tête de l'armée et investi d'une sorte de dictature.

Une bataille terrible s'engagea dans les rues, elle dura quatre jours (23-26 juin 1848) et ne fut terminée que par l'enlèvement de la grande barricade du faubourg Saint-Antoine. Sept généraux avaient été tués. L'archevêque de Paris, qui avait essayé d'arrêter la lutte en s'interposant entre les combattants, avait été frappé d'une balle, au pied d'une barricade.

Louis Bonaparte, président de la République. — Le général Cavaignac, après sa victoire sur l'émeute, avait été nommé chef du pouvoir exécutif. Il garda ses fonctions jusqu'à l'élection du Président. Ce fut Louis-Bonaparte, qui fut élu par cinq millions de suffrages. Sa présidence ne fut qu'une longue conspiration contre la République qu'il avait juré de défendre.

Le coup d'État du 2 décembre 1851. — Louis-Bonaparte entra bientôt en lutte ouverte avec l'Assemblée législative. Il parcourut la France, réveilla les souvenirs militaires du premier Empire, et s'entoura d'hommes prêts à tout entreprendre contre la liberté.

SAINT-CLOUD

Dans la nuit du 1er au 2 décembre, les députés les plus influents furent arrêtés et conduits à Mazas, puis au Mont-Valérien; Paris fut occupé militairement et le Président fit afficher des décrets par lesquels la Chambre était dissoute. Le 2, au matin, 220 députés qui s'étaient réunis à la mairie du Xe arrondissement furent arrêtés par les troupes.

Le 3 et le 4 décembre les républicains organisèrent la résistance. Le député Baudin fut tué sur une barricade. Le coup d'Etat, dirigé par Morny, Maupas et Saint-Arnaud ruinait la liberté au profit de Louis Bonaparte. Celui-ci terrorisa Paris et la province et le 20 et le 21 décembre il fit ratifier son attentat par le suffrage universel.

CHAPITRE XIV

PARIS SOUS LE SECOND EMPIRE

Paris et l'Empire. — Le sénatus-consulte du 7 novembre 1852, ratifié bientôt par un plébiscite, donna à Louis-Bonaparte le titre d'Empereur sous le nom de Napoléon III. Paris n'accepta qu'à regret le régime nouveau et il le manifesta dans toutes les élections. La mairie centrale fut supprimée, et une commission nommée par le gouvernement remplaça le Conseil municipal.

Exposition Universelle de 1855. — L'Angleterre avait inauguré à Londres en 1851 les expositions universelles. La seconde eut lieu à Paris en 1855 au milieu de la guerre de Crimée. Elle fut installée aux Champs-Élysées et ne compta pas moins de 20,000 exposants.

Les Attentats. — Plusieurs complots menacèrent la vie de Napoléon III et il fut l'objet de diverses tentatives d'assassinat. Le 14 janvier 1858, comme il se rendait à l'Opéra, rue le Peletier, trois bombes furent lancées. On compta plus de cent cinquante victimes. Les Italiens Orsini et Piétri furent exécutés. L'année

suivante, le gouvernement s'engagea dans une guerre
contre l'Autriche au profit de l'Italie et, après sa victoire, il publia une amnistie en faveur des exilés politiques.

Exposition Universelle de 1867. — Une exposition
nouvelle et plus brillante eut lieu au Champ-de-Mars
en 1867. Elle attira un nombre immense d'étrangers.
La plupart des souverains de l'Europe vinrent à Paris.

Agrandissement de Paris. — Paris, depuis 1784, avait
toujours pour limites les boulevards extérieurs, bien
que l'enceinte fortifiée s'étendit fort au delà. Une loi
du 16 juin 1859 porta la ville jusqu'aux fortifications.
Onze communes furent entièrement annexées et treize
autres perdirent une partie de leur territoire. On eut
alors 20 arrondissements au lieu de 12. La surface de
Paris fut doublée et il s'accrut de 400,000 habitants.

Embellissements et grands travaux. — D'immenses
travaux furent exécutés à Paris sous l'administration de
M. Haussmann, préfet de la Seine. La rue de Rivoli
fut prolongée et l'on perça les boulevards de Sébastopol,
Voltaire, Malesherbes et Haussmann. Les monuments
publics qui manquaient de jour ou auxquels étaient
adossées des constructions sans beauté furent dégagés.
On rattacha le Louvre aux Tuileries. Des squares et
des jardins furent ouverts au centre de Paris et l'on
transforma le parc Monceaux, le bois de Vincennes et
le bois de Boulogne. Le parc des Buttes Chaumont fut
créé, et le canal Saint-Martin fut couvert. Les Halles
Centrales datent aussi de cette époque. On construisit
des églises, des casernes, des hôpitaux, des gares, des
théâtres et, entre autres, celui de l'Opéra.

Chute de l'Empire. — Paris n'avait point pardonné à
l'Empire la ruine de nos libertés publiques et, quand
celui-ci essaya de devenir libéral, il ne crut point à ses
promesses. Le plébiscite du 8 mai 1870 fut un triomphe
pour l'opposition. On sait par quels désastres fut
signalée la guerre qui le suivit de près. A la nouvelle
de la capitulation de Sedan, Paris se souleva tout entier
et l'Empire fut renversé sans que personne eût essayé
de le défendre.

Les Députés de la Seine se rendirent à l'Hôtel-de-
Ville et y constituèrent, sous la présidence du général

Trochu, gouverneur de Paris, un gouvernement provisoire qui prit le nom de gouvernement de la Défense Nationale. Il proclama la République.

CHAPITRE XV

LE SIÈGE DE PARIS

Siège de Paris (1879-1871). — La bataille de Sedan avait ouvert aux Prussiens la route de Paris. Ils y arrivèrent bientôt, et l'investirent avec quatre corps d'armée. Le combat malheureux de Châtillon (19 septembre) leur permit de compléter le blocus. Paris se montra à la hauteur de la lourde tâche que lui imposaient nos malheurs. Les travaux de défense furent activement poussés et bientôt la ville fut en état de défier toute surprise. Gambetta la quitta en ballon pour aller presser les secours.

Une armée fut organisée à Paris et elle s'aguerrit vite dans des combats d'avant-postes. Quelques détachements s'emparèrent du Bourget et ils n'en furent délogés par les Prussiens qu'après une lutte acharnée. Sur ces entrefaites on apprit la capitulation de Metz. Paris n'en persista pas moins à se défendre.

Le 30 novembre, une grande sortie fut tentée du côté de la Marne. 60,000 hommes, appuyés par l'artillerie des forts, s'emparèrent, grâce à des efforts héroïques, de Petit-Bry et de Champigny et poussèrent jusqu'à Villiers. Malheureusement la journée du 1er décembre ne fut point employée à tirer parti de ce premier succès. Le lendemain, 2 décembre, la bataille reprit et les Prussiens, malgré les forces qu'ils avaient concentrées, ne purent empêcher nos troupes de garder les positions qu'elles avaient conquises. Le général Trochu n'osa point risquer une nouvelle attaque et il ramena l'armée sous les forts. Ces rudes journées nous avaient coûté six mille hommes.

Pendant tout le mois de décembre, malgré le froid qui était excessif et malgré des privations de toutes

sortes, Paris ne cessa point de s'armer. On fabriquait
sans relâche des canons et l'on créait, chaque jour,
quelque défense nouvelle. La mortalité, cependant,
devenait effrayante; les vivres étaient rares, et le bois
manquait.

Le 6 janvier 1871, les Prussiens commencèrent à bom-
barder les quartiers de la rive gauche et ils ne cessèrent
point jusqu'au 28.

Un nouvel effort fut tenté pour briser les lignes d'in-
vestissement. Le 19 janvier, on se porta sur *Buzenval* et
sur *Montretout*. La garde nationale y combattit héroïquement, mais cette tentative ne pouvait aboutir. Les armées
de province avaient été battues et les Parisiens n'avaient
plus de vivres. La capitulation eut lieu le 28 janvier. Le
siège avait duré plus de quatre mois. Jamais Paris
n'avait mis plus d'énergie et plus de constance au service de la patrie.

1871-1883. — Depuis, Paris a réparé les désastres de
la guerre étrangère et de la guerre civile. Il a continué
de grandir et des quartiers nouveaux se sont formés; sa
population s'est élevée à environ 2,344,000 habitants.
La République a favorisé les grands travaux, et le gouvernement et la municipalité ont concouru, comme
à l'envi, à l'embellissement de Paris. L'Exposition
de 1878 a prouvé sa vitalité et voici qu'une autre se
prépare. On nous permettra de ne point raconter des
faits que tout le monde connaît aussi bien que nous.
C'est au père de famille qu'il appartient d'expliquer à
ses enfants l'histoire d'hier et celle d'aujourd'hui.

CHAPITRE XVI

PARIS ET LE DÉPARTEMENT DE LA SEINE

Superficie. — Le département de la Seine, formé d'une
partie de l'Ile-de-France, est enclavé dans celui de Seine-
et-Oise ; c'est le moins étendu des départements. Sa
superficie est de 478 kilomètres carrés ou plus exacte-
ment de 47,875 hectares. Il est arrosé par la Seine et

L'HÔTEL DES POSTES

par la Marne. Ses collines les plus élevées ne dépassent pas 173 mètres et l'altitude de la vallée varie de 25 à 40 mètres.

Paris, dans l'enceinte des fortifications, couvre une étendue de 7.802 hectares. Il est construit dans la vallée de la Seine que limitent à droite les collines de Charonne, de Ménilmontant, de Belleville et de Passy, et à gauche les hauteurs de la Maison-Blanche et la Montagne Sainte-Geneviève. La rive droite est la plus étendue et la plus peuplée. Les deux rives sont reliées par 27 ponts.

Arrondissements. — La ville est divisée en 20 arrondissements qui sont :

I^e	Le Louvre.	XIe	Popincourt.
IIe	La Bourse.	XIIe	Reuilly.
IIIe	Le Temple.	XIIIe	Les Gobelins.
IVe	L'Hôtel-de-Ville.	XIVe	L'Observatoire.
V^e	Le Panthéon.	XVe	Vaugirard.
VIe	Le Luxembourg.	XVIe	Passy.
VIIe	Le Palais-Bourbon.	XVIIe	Les Batignolles.
VIIIe	L'Elysée.	XVIIIe	Montmartre.
IXe	L'Opéra.	XIXe	Les Buttes - Chau-
X^e	L'Enclos-Saint-Laurent.		mont.
		XXe	Ménilmontant.

Chaque arrondissement est lui-même divisé en 4 quartiers. On compte à Paris 3.600 rues qui ont ensemble environ 1000 kilomètres; 67 squares et de nombreux jardins et promenades. Il y a plus de 82.000 maisons. La population s'élevait en 1886 à 2.344.000 habitants.

Administration. — Les affaires de Paris sont réglées par le Conseil municipal. Chaque quartier nomme un conseiller.

Les 80 conseillers municipaux, auxquels s'adjoignent huit délégués des cantons suburbains forment le Conseil général de la Seine.

Le *Préfet de la Seine* remplit à la fois les fonctions de maire de Paris et d'administrateur du département. Le service de la sûreté publique relève du préfet de police. Ils sont nommés l'un et l'autre par le Gouvernement.

Un maire assisté de trois adjoints remplit dans chaque arrondissement les fonctions d'officier de l'état civil.

Il y a un juge de paix par arrondissement.

Enseignement. — L'Enseignement primaire, qui a été l'objet de la sollicitude toute particulière du conseil municipal est donné aux frais de la ville, dans 129 écoles maternelles, 362 écoles primaires et sept écoles municipales ou supérieures. On compte en outre 116 cours d'adultes et 10 écoles professionnelles.

Les lycées, les facultés et des écoles spéciales donnent l'enseignement secondaire et l'enseignement supérieur.

Bibliothèques. — Musées. — Théâtres. — On trouve à Paris cinq grandes bibliothèques publiques; ce sont les bibliothèques de l'*Arsenal, Sainte-Geneviève, Mazarine,* de l'*Université* et la *Bibliothèque Nationale.* Il y a, en outre, dans chacun de nos grands établissements publics une bibliothèque spéciale.

Les musées de Paris sont les plus riches du monde. Les principaux sont les Musées du Louvre, du Luxembourg, de Cluny, du Trocadéro, Carnavalet et le Musée d'Artillerie.

Paris a plus de quarante théâtres. L'État subventionne le *Théâtre-Français*, l'*Odéon*, l'*Opéra*, l'*Opéra-Comique*. Les autres théâtres sont des entreprises particulières.

Industries. — Paris est la ville la plus industrielle et la plus commerçante de France. Toutes les industries y sont représentées et particulièrement les industries de luxe dont la réputation s'étend dans le monde entier. Les *Articles de Paris* sont renommés pour le bon goût et la perfection du travail. La filature et les industries métallurgiques occupent aussi de nombreux ouvriers.

Assistance publique. — Le service de l'*Assistance publique* s'est fort développé à Paris depuis un demi-siècle, et jamais l'on n'a plus fait pour rémédier à la misère. La ville peut mettre aujourd'hui à la disposition des malades environ 33.000 lits dans vingt hôpitaux. Plusieurs hospices, les uns gratuits, les autres payant, reçoivent les vieillards, les enfants abandonnés et les infirmes; il y a sept asiles pour les aliénés à Paris et dans la banlieue. Les bureaux de bienfaisance distribuent des secours à plus de 120.000 indigents.

Police. — Le service de la sécurité pubique est assuré

par le préfet de police qui dirige à la fois la police municipale et la police de sûreté.

La Police municipale est exercée par 26 officiers de paix, 800 brigadiers et sous-brigadiers et 6.800 gardiens de la paix. Elle a à sa tête un chef spécial. Il y a 106 commissaires de police dont 75 dans les quartiers de Paris.

La Garde républicaine qui fait le service de Paris se compose de 4000 hommes.

Les prisons sont au nombre de sept ; elles peuvent contenir environ 5000 détenus.

Des postes de pompiers sont établis dans tous les quartiers de Paris ; ils sont reliés à l'état-major, dont le siège est à la préfecture de police. Les pompiers sont au nombre de 1800 ; ils sont répartis dans douze casernes.

Divisions du département. — Les communes suburbaines, sont divisées en huit cantons. Il y en a quatre dans chacun des anciens arrondissements de Saint-Denis et de Sceaux. Les huits cantons comprennent 72 communes ont une superficie de 40,073 hectares, et une population de 456,000 habitants.

CANTON DE COURBEVOIE
7 communes
- Courbevoie,
- Asnières.
- Colombes,
- Gennevilliers.
- Nanterre,
- Puteaux,
- Suresnes,

CANTON DE NEUILLY
4 communes
- Neuilly,
- Boulogne,
- Clichy,
- Levallois-Perret,

CANTON DE PANTIN
10 communes
- Pantin,
- Bagnolet,
- Bobigny,
- Bondy
- Drancy,
- Le Bourget,
- Les Lilas.
- Le Pré-Saint-Gervais,
- Noisy-le-Sec,
- Romainville,

CANTON DE SAINT-DENIS
10 communes

Saint-Denis,
Aubervilliers,
Dugny,
Epinay,
La Courneuve,
L'Ile-Saint-Denis,
Pierrefitte,
Saint-Ouen,
Stains,
Villetaneuse,

CANTON DE CHARENTON
11 communes

Charenton-le-Pont,
Alfortville,
Bonneuil,
Bry-sur-Marne,
Champigny,
Créteil,
Joinville-le-Pont,
Maisons-Alfort,
Nogent-sur-Marne,
Saint-Maur,
Saint-Maurice,

CANTON DE SCEAUX
12 communes

Sceaux,
Antony,
Bagneux,
Bourg-la-Reine,
Châtenay,
Châtillon,
Clamart,
Fontenay-aux-Roses,
Issy,
Montrouge,
Plessy-Piquet,
Vanves,

CANTON DE VILLEJUIF
12 communes

Villejuif,
Arcueil,
Chevilly,
Choisy-le-Roi,
Fresnes,
Gentilly,
Ivry,

CANTON DE VILLEJUIF 12 communes	L'Hay, Orly, Rungis, Thiais, Vitry,
CANTON DE VINCENNES 6 communes	Vincennes, Fontenay-sous-Bois, Montreuil, Rosny, Saint-Mandé, Villemonble,

Les Grandes Villes. — L'histoire des communes sub-surbaines est intimement liée à l'histoire de Paris. C'est à l'immense développement que cette ville a pris qu'elles doivent leur prospérité. La facilité des communications permet aujourd'hui à une population nombreuse de travailler à Paris et de vivre dans la banlieue, aussi la plupart des communes du département de la Seine se sont-elles rapidement développées depuis un demi-siècle. Plusieurs de celles qui s'étendent à proximité des fortifications ont beaucoup souffert pendant la guerre, mais elles ont depuis réparé leurs ruines.

SAINT-DENIS (48.000 habitants) la plus importante des communes suburbaines a été longtemps connue surtout par son abbaye, qui fut fondée par Dagobert. Il reste une partie des bâtiments qui ont été reconstruits au siècle dernier et l'église qui date des douzième et treizième siècles. Elle était consacrée à la sépulture des rois; c'est un des plus curieux monuments de l'architecture gothique. On remarque surtout à l'intérieur les tombeaux qui ont été bâtis à l'époque de la Renaissance. Celui de Louis XII et d'Anne de Bretagne, celui de François Ier et celui d'Henri II et de Catherine de Médicis.

Les bâtiments de l'Abbaye sont devenus la *Maison nationale de la Légion d'honneur*. C'est un établissement d'enseignement pour l'éducation des filles des membres de la Légion d'honneur.

L'*Église paroissiale* élevée par l'architecte Viollet-le-Duc de 1864 à 1868 et l'*Hôtel-de-Ville* sont remarquables.

Saint-Denis a d'importantes fabriques d'étoffes, de bougies, de produits chimiques, etc...

Neuilly (25.000 habitants) située à proximité du bois de Boulogne, et à l'extrémité des plus beaux quartiers de Paris, s'étend jusqu'à la Seine, et semble plutôt un faubourg de Paris qu'une ville distincte.

Boulogne (30.000 habitants) qui fut fondée vers 1319 a une belle Eglise et de magnifiques constructions particulières. Elle est située à peu de distance du Champ de courses de Longchamp. Le Bois de Boulogne, la plus célèbre des promenades de Paris, couvre 873 hectares. Le Jardin d'acclimation est à l'une des extrémités.

Vincennes (22.000 habitants.), est la ville la plus importante de l'ancien arrondissement de Sceaux. Elle est remarquable par son château qui fut construit sous les premiers Valois. Le donjon, situé au centre, a une hauteur de cinquante mètres. La Chapelle a de belles sculptures et une façade richement ornée.

Le bois de Vincennes, qui appartient comme le bois de Boulogne, à la ville de Paris, s'étend sur une superficie de 921 hectares.

Agriculture et industrie. — Le sol des environs de Paris, grâce à la culture maraîchère, est peut-être le plus productif de France. La *presqu'île de Gennevilliers* est surtout renommée. L'irrigation bien entendue, l'abondance des engrais, et les procédés de culture permettent de faire plusieurs récoltes, chaque année, sur le même terrain. La vente des produits et des fruits de toute sorte est assurée pour l'approvisionnement de Paris. On cultive la vigne sur les coteaux de Suresnes. Montreuil produit des pêches renommées et d'autres fruits.

Le revenu net des terres cultivées s'élève à environ quinze millions.

Le département de la Seine a d'importantes carrières. On extrait le plâtre à Bagneux, Montreuil-sous-Bois et Romainville ; la pierre à Montrouge, et à Châtillon. Passy et Auteuil ont des sources minérales.

L'industrie du département de la Seine n'est égalée nulle part en France ; mais cette industrie est en grande partie concentrée à Paris. *Puteaux* fabrique des étoffes

de laine ; *Choisy-le-Roi* des porcelaines, des toiles
cirées, des produits chimiques ; *Montreuil-sous-Bois* des
porcelaines et des cuirs vernis ; Saint-Maurice a d'importants moulins, et des filatures ; *Ivry* a des forges et
des raffineries ; Pantin et Aubervilliers d'importantes
usines.

La Banlieue est reliée à Paris par de nombreux
chemins de fer et elle a un réseau fort étendu de
tramways.

QUELQUES

GRANDS HOMMES DE PARIS

Paris a vu naître un nombre considérable de grands hommes en tout genre : nous nous bornerons à citer les principaux.

I. — HISTORIENS

Thou (de) (1553-1617).— Œuvre principale : *Histoire de son temps.*

Anquetil (1723-1806). — Œ. pr.: *Histoire de France.*

Ségur (comte de) (1753-1830). — Œ. pr. : *Mémoires, souvenirs et anecdotes.*

Bazin (1797-1850). — Œ. pr. : *Histoire de France sous Louis XIII et sous le cardinal Mazarin.*

Michelet (1798-1874). — Œ. pr.: *Histoire de France; la Révolution française.*

II. — PHILOSOPHES ET THÉOLOGIENS

Charron (1541-1603), moraliste, fut l'ami et le disciple de Montaigne. — Œ. pr.: *Le Traité de la sagesse.*

La Rochefoucauld (duc de) (1613-1680), célèbre moraliste, est surtout connu par son livre des *Maximes.*

Arnauld (1612-1694) a été l'un des plus illustres théologiens et philosophes de Port-Royal.

Malebranche (1638-1715), philosophe célèbre. — Œ. pr. : *Recherche de la vérité; Traité de la nature et de la grâce; Entretiens sur la métaphysique et la religion,* etc.

La Bruyère (1645-1696) est surtout célèbre par son livre des *Caractères* qui l'a placé au premier rang des moralistes.

Cousin (Victor) (1792-1867), philosophe et littérateur.
Œ. pr. : *Le Vrai, le Beau et le Bien ; la Jeunesse de
Mazarin.*

III. — POÈTES

Villon (1431-1484) a écrit des *sonnets*, des *rondeaux*,
des *ballades.*

Scarron (1610-1660). — Œ. pr. : *le Roman comique*
(en prose) ; *l'Énéide travestie*, poème burlesque.

Boileau (1636-1711). — Œ. pr. : *Satires ; épîtres ;
l'Art poétique*, poème didactique ; *le Lutrin*, poème
héroï-comique.

Deshoulières (madame) (1637-1694) s'est surtout dis-
tinguée dans la poésie pastorale.

Rousseau (Jean-Baptiste) (1671-1741), poète lyrique.
— Œ. pr. : *Odes sacrées ; Odes profanes ; Cantates ;
Epigrammes.*

Racine (Louis) (1692-1763), poète didactique. —
Œ. pr. : *la Grâce, la Religion.*

Béranger (1780-1857) est universellement connu pour
ses *Chansons.*

Musset (Alfred de) (1810-1857). — Œ. pr. : *Na-
mouna ; Rolla ; les Nuits ; Stances à madame Malibran ;
l'Espoir en Dieu*, poèmes en vers ; *la Confession d'un
enfant du siècle ;* des *nouvelles*, des *comédies* et des
proverbes, ouvrages en prose.

IV. — AUTEURS DRAMATIQUES

Jodelle (1532-1573). Œ. pr. : *Cléopâtre captive*, tragédie ; *Eugène ou la Rencontre*, comédie.

Hardy (1560?-1632). — Œ. pr. : *Mariamne*, tragédie.

Bergerac (Cyrano de) (1619-1655). Œ. pr. : *Agrip-
pine*, tragédie ; *le Pédant joué*, comédie.

Molière (1622-1673), le plus grand des poètes co-
miques. — Œ. pr. : *l'Imposteur ou le Tartufe ; le Mi-
santhrope ; l'Avare ; les Femmes savantes*, comédies.

Quinault (1635-1688). — Œ. pr. : *Cadmus ; Alceste ;
Thésée ; Atys ; Isis ; Proserpine ; Persée ; Phaëton ;
Amadis ; Roland ; Armide*, opéras.

REGNARD (1655-1709). — Œ. pr. : *le Joueur; le Distrait; les Folies amoureuses; les Ménechmes ou les Jumeaux; le Légataire universel*, comédies.

MARIVAUX (1688-1763). — Œ. pr. : *Les surprises de l'amour; les Jeux de l'amour et du hasard; les Fausses confidences*, comédies,

LA CHAUSSÉE (1692-1754). — Œ. pr. : *Le Préjugé à la mode; Mélanide; l'Ecole des mères*, drames.

SEDAINE (1719-1797). — Œ. pr. : *Le jardinier et son seigneur; Rose et Colas; Richard-Cœur-de-Lion*, opéras-comiques.

ARNAULT (1766 1834). — Œ. pr. : *Marius à Minturnes; Lucrèce; Cincinnatus*, tragédies; *Fables*.

PICARD (1769-1828). — Œ. pr. : *Le Collatéral ou la diligence de Joigny; la Petite ville; les Provinciaux à Paris*, comédies.

LEMERCIER (1771-1840). - Œ. pr. : *Agamemnon*, tragédie; *Pinto, ou la journée d'un conspirateur*, drame historique.

SCRIBE (1791-1861). — Œ. pr. : *La Dame Blanche; Fra-Diavolo; le Domino noir; Haydée*, opéras-comiques; *la Muette de Portici; Robert le Diable; la Juive; les Huguenots; le Prophète*, grands opéras, etc.

V. — ÉCRIVAINS DIVERS

SÉVIGNÉ (madame de) (1626-1697) s'est rendue célèbre par ses *Lettres* qui sont restées les modèles du genre.

PERRAULT (Charles) (1628-1703) est plus connu aujourd'hui par ses *Contes* que par les polémiques qu'il soutint de son temps sur le *Parallèle des Anciens et des Modernes*.

ROLLIN (1661-1741). — Œ. pr. : *Traité des Etudes; Histoire romaine*.

VOLTAIRE (1694-1778) a excellé dans presque tous les genres. — Œ. pr. : *la Henriade*, poème épique; *Zaïre, Mérope*, tragédies; *Histoire de Charles XII, roi de Suède; le Siècle de Louis XIV*, chefs-d'œuvre du genre historique; les romans de *Candide*, de *l'Ingénu*, de la *Princesse de Babylone*, de *Zadig*, etc.

BEAUMARCHAIS (1732-1799). — Œ pr. : *Mémoires ju-*

diciaires contre les sieurs de Goësman, Lablache, etc.;
le Barbier de Séville et *le Mariage de Figaro,* comédies.

LAHARPE (1739-1803), célèbre critique, a écrit le *Lycée
ou Cours de littérature ancienne et moderne.*

STAËL (madame de) (1766-1817) — Œ. pr. : *Corinne,
de l'Allemagne; Considérations sur la Révolution française.*

COURIER (Paul-Louis) (1772-1825) a publié des pam-
phlets remarquables sous la Restauration.

VILLEMAIN (1790-1870), célèbre critique. — Œ.pr. :
Tableau de la littérature au XVIII* siècle.*

SUE (Eugène) (1801-1857), romancier. — Œ. pr. : *les
Mystères de Paris; le Juif errant,* etc.

SAINT-MARC-GIRARDIN (1801-1873). — Œ. pr. : *Cours
de littérature dramatique,* etc.

SAND (madame George) (1801-1876), célèbre romancier. — Œ. pr. : *François le Champi; la Mare au
Diable; la petite Fadette,* etc.

VI. — SAVANTS

CLAIRAULT (1713-1765), géomètre. — Œ. pr. : *Théorie de la figure de la terre; Théorie de la lune; théorie
du mouvement des comètes.*

DALEMBERT (1717-1783), géomètre et écrivain. — Œ.
pr. : *Traité de dynamique ; Traité de l'équilibre et du
mouvement des fleuves;* le discours préliminaire de
l'Encyclopédie.

D'ARCET (1725-1841) s'est signalé par les nombreuses
applications qu'il fit de la chimie aux arts industriels.

LAVOISIER (1743-1794) a été le vrai créateur de la
chimie. Il découvrit l'oxygène, analysa l'eau, l'air,
l'acide carbonique, et créa, de concert avec Guyton de
Morveau, la nomenclature chimique.

LEGENDRE (1752-1833), savant géomètre. — Œ. pr. :
*Éléments de géométrie; Essai sur la théorie des nom-
bres,* etc.

FOURCROY (de) (1755-1809) a été l'un des plus illustres
chimistes du XVIII* siècle.

BRONGNIART (Alexandre) (1770-1847), minéralogiste
et géologue. — Œ. pr. : *Traité élémentaire de minéra-*

logie; Classification et caractères des roches, etc.— Son
fils, *Adolphe,* fut un botaniste distingué.

Biot (1774-1862) s'est signalé tout à la fois comme
physicien, comme chimiste et comme mathématicien.

Malus (1775-1812) s'est rendu célèbre par la découverte de la polarisation de la lumière.

Poinsot (1777-1859), mathématicien. — Œ. pr. : *Éléments de statique; Mémoire sur la précession des équinoxes,* etc.

Beudant (1787-1850), minéralogiste. — Œ. pr. :
*Voyage minéralogique et géologique en Hongrie; Cours
élémentaire de minéralogie et de géologie,* etc.

Foucaut (1819-1868), physicien, s'est illustré par ses
travaux sur la lumière.

VII. — ÉRUDITS

Budé (1467-1540) a été l'un des plus grands érudits
du XVIᵉ siècle. — Œ. pr. : *De Asse* (du sou), où il traite
des monnaies et des mesures antiques.

Estienne (1532-1598), savant imprimeur, contribua
puissamment à remettre en honneur l'étude des auteurs
grecs au XVIᵉ siècle.

Quatrimère de Quency (1755-1849), savant archéologue. — Œ. pr. : *Dictionnaire d'architecture; Histoire
de la vie et des ouvrages des plus célèbres architectes,* etc.

Sacy (Sylvestre de) (1758-1838), savant orientaliste,
a laissé : *Principes de Grammaire générale; Grammaire
arabe; Relation d'Égypte,* etc., ouvrages qui accusent
une vaste érudition.

Rémusat (Abel) (1788-1832), orientaliste. — Œ. pr. :
*Essai sur la langue et la littérature chinoises; Recherches
sur les langues tartares.*

Burnouf (1801-1852) a publié d'importants travaux
sur le boudhisme.

VIII. — HOMMES DE GUERRE ET MARINS

Dunois (1402-1460) fut l'un des héros de la guerre de
Cent ans, et seconda Jeanne d'Arc contre les Anglais.
(Voir l'Histoire.)

Condé (le prince de) (1631-1686) fut l'un de nos plus

grands hommes de guerre. Ses victoires les plus célèbres sont celles de *Rocroi* (1643), de *Fribourg* (1644), de *Nordlingen* (1645), de *Lens* (1648), de *Sénef* (1674). (Voir l'Histoire.)

LUXEMBOURG (le duc de) (1628-1695) se distingua surtout dans la guerre de Hollande, où il battit le prince d'Orange à *Fleurus* (1690), à *Steinkerque* (1692) et à *Nerwinde* (1693). (Voir l'Histoire.)

CATINAT (1637-1712) gagna sur le duc de Savoie les batailles de *Staffarde* (1690) et de *la Marsaille* (1693).

TOURVILLE (1642-1701) a été l'un de nos plus illustres marins.

EUGÈNE (le prince) (1663-1736), repoussé de Louis XIV, auquel il avait offert ses services, se tourna contre lui et fut le principal auteur des revers qui signalèrent la fin de son règne. (Voir l'Histoire.)

AUGEREAU (1757-1816), maréchal de l'Empire, se distingua aux batailles du pont de *Lodi*, de *Castiglione*, du pont d'*Arcole*, d'*Iéna* et d'*Eylau*. (Voir l'Histoire.)

MAGON (1763-1805) s'est immortalisé par la lutte héroïque qu'il soutint à Trafalgar contre le vaisseau anglais *le Tonnant*, à bord de l'*Algésiras*, où il fut tué.

IX. — HOMMES D'ÉTAT

MARCEL (Étienne) joua un rôle important aux États Généraux de 1356, où il fit adopter tout un plan de réformes démocratiques. (Voir l'Histoire.)

RICHELIEU (le cardinal de) (1585-1642) a été le plus grand de nos hommes d'État. (Voir l'Histoire.)

FOUQUET (1615-1680), surintendant des finances, sous Louis XIV, fut disgracié par lui et emprisonné dans la citadelle de Pignerol. (Voir l'Histoire.)

LOUVOIS (1639-1691) a été l'un des plus grands ministres de Louis XIV. (Voir l'Histoire.)

TURGOT (1727-1781), célèbre ministre et économiste, s'appliqua à doter la France de réformes qui n'échouèrent que par la faiblesse de Louis XVI et par la haine des courtisans. (Voir l'Histoire.)

BAILLY (1736-1793) joua un rôle important au début de la Révolution, présida la fameuse séance du Jeu de

Paume, devint maire de Paris et mourut sur l'échafaud, en 1794.

TALLEYRAND-PÉRIGORD (de) (1754-1838), diplomate, rendit à la France des services signalés, mais montra une grande versatilité politique.

MOLÉ (le comte) (1781-1855) fut mêlé aux affaires publiques dans la première partie de notre siècle.

BROGLIE (le duc de) (1785-1870) se signala sous la Restauration par son libéralisme éclairé et fut plusieurs fois ministre sous le gouvernement de Juillet. (Voir l'Histoire.)

LEDRU-ROLLIN (1808-1875) joua un rôle considérable sous la République de 1848 et fut exilé pendant toute la durée de l'Empire.

X. — MAGISTRATS

HARLAY (de) (1536-1616) s'est immortalisé par la fière réponse qu'il fit à l'ambitieux duc de Guise, révolté contre Henri III. (Voir l'Histoire.)

LAMOIGNON (de) (1617-1677) est resté le modèle du magistrat intègre et désintéressé.

XI. — COMPOSITEURS DE MUSIQUE

FAVART (1710-1792) a été le créateur de l'opéra-comique. — Œ. pr. : la Chercheuse d'esprit; l'Astrologue du village, etc.

HÉROLD (1791-1833). — Œ. pr. : Le Muletier; Marie; Zampa; le Pré-aux-Clercs, opéras-comiques.

HALÉVY (1799-1862). — Œ. pr. : la Juive, grand opéra; l'Eclair; Charles VI; les Mousquetaires de la reine; le Val d'Andorre, opéras-comiques.

ADAM (Adolphe) (1803-1856). — Œ. pr. : le Chalet; le Postillon de Longjumeau; Si j'étais roi, opéras-comiques, etc.

BIZET (1838-1875). — Œ. pr. : la Jolie fille de Perth; l'Arlésienne; Carmen, opéras-comiques.

XII. — PEINTRES

VOUET (1590-1649). — Œ. pr. : la Salutation angélique; la Présentation au temple, etc.

LESUEUR (1616-1655). — Œ. pr. : *Saint Paul prê-chant à Ephése*, à Notre-Dame-de-Paris ; *la Vie de saint Bruno*, en 22 tableaux, au Louvre.

LEBRUN (1619-1690). — Œ. pr. : *les Batailles d'Alexandre*; les tableaux représentant l'*Histoire de Louis XIV*, dans la grande galerie du château de Ver-sailles ; *le Christ aux anges*, à Notre-Dame de Paris, etc.

COYPEL (1628-1707). — Œ. pr. : *la Mort d'Abel; So-lon; Trajan*, etc. au Louvre.

BOUCHER (1703-1770). L'un de ses meilleurs tableaux, *le Bain de Diane*, est au Louvre.

CALLET (1741-1823). — Œ. pr. : *Curtius se dévouant pour sa patrie; Achille traînant le corps d'Hector au-tour de Troie ; la Bataille de Marengo.*

DAVID (1748-1825). — Œ. pr. : *Mort de Socrate; les Sabines ; le Couronnement de Napoléon; Léonidas aux Thermopyles*, etc.

GROS (1771-1835). — Œ. pr. : *Le Combat de Naza-reth; les Pestiférés de Jaffa; Bonaparte aux Pyramides; la Bataille d'Eylau*, etc.

VERNET (Horace) (1789-1863). — Œ. pr. : *La prise de la smalah d'Abd-et-Kader; la Bataille d'Isly*, etc.

CHARLET (1792-1845). — Œ. pr. : *Episode de la cam-pagne de Russie.*

COROT (1796-1875). — Œ. pr. : *Destruction de So-dome; le Christ aux Oliviers* (à Langres); *la Matinée* (au Luxembourg) ; *le Baptême du Christ* (à l'église de Notre-Dame-du-Chardonnet), etc.

DELAROCHE (1797-1856). — Œ. pr. : *Nephtali dans le désert; le Christ descendu de la croix; le Songe d'Atha-lie*, etc.

DECAMPS (1803-1860). — Œ. pr. : *Souvenir de la Tur-quie d'Asie; Halte de Cavaliers arabes; la Défaite des Cimbres*, etc.

XIII. — SCULPTEURS

GOUJON (Jean) (1520-1572). — Œ. pr. : *la Fontaine des Innocents; les caryatides* de la tribune des Suisses, au Louvre, etc.

PILON (Germain) (1535-1590). — Œ. pr.: les bas-re-liefs du *mausolée de Henri II*, à la basilique de Saint-De-

LA NOUVELLE SORBONNE

nis ; un groupe des *trois Grâces*, au Louvre ; *le mausolée du chevalier de Birague*, au musée des Beaux-
Arts, etc.

PIGALLE (1714-1785). — Œ. pr. : la statue du *Silence;*
le groupe de *l'Amour et l'Amitié; le tombeau du maréchal de Saxe*, à Strasbourg.

CARTELLIER (1757-1831). — Œ. pr. : les bas-reliefs
des *Jeunes filles de Sparte dansant devant un autel de
Diane* (musée des Antiques), de *la Gloire* (porte principale du Louvre), de *la Capitulation d'Ulm* (arc du Carrousel) ; *le mausolée de M. de Juigné* (cathédrale de Pa
ris), etc.

CHAUDET (1763-1810). — Œ. pr. : *Cyparisse pleurant
son jeune cerf; Orphée et Amphion*, etc.

BARYE (1796-1875). — Œ. pr. : *Thésée tuant le Mino-
taure; Combat d'un Centaure et d'un Lapithe; Jaguar
dévorant un lièvre* (au Luxembourg).

XIV. — ARCHITECTES

LESCOT (1510-1571). — On lui doit une façade du vieux
Louvre ; *la Fontaine des Innocents*, dont Jean Goujon
sculpta les bas-reliefs, etc.

MANSART (1598-1666) a construit une partie du *château de Blois*, le premier étage du *Val-de-Grâce*, l'église
Sainte-Marie-de-Chaillot, etc.

LENÔTRE (1613-1700), célèbre dessinateur de parcs et
de jardins. Il a dessiné les parcs de Versailles, de Saint-
Cloud, de Meudon, etc.

PERRAULT (Claude) (1613-1688) s'est immortalisé par
la construction de la *Colonnade du Louvre* et d'une
partie de ce palais.

LEPÈRE (1762-1844) a construit la *colonne Vendôme*.

XV. — PERSONNAGES DIVERS

DUHAMEL DU MONCEAU (1700-1782), agronome. — Œ.
pr. : *Traité de la culture des terres ; traité des arbres
fruitiers*, etc.

BOUGAINVILLE (1729-1811) fut le premier navigateur
français qui exécuta un voyage d'explorations autour du
monde.

MONTHYON (de) (1733-1820), philanthrope célèbre, a légué à l'Académie française des sommes considérables destinées à fonder des prix de vertu et à récompenser les ouvrages les plus utiles aux mœurs.

BERRYER (1790-1868) a été l'un des plus illustres avocats et orateurs politiques de notre siècle.

FIN

TABLE DES MATIÈRES

———

QUELQUES GRANDS HOMMES DE PARIS

ÉMILE COLIN. — Imprimerie de Lagny.

www.ingramcontent.com/pod-product-compliance
Lightning Source LLC
Chambersburg PA
CBHW052151090426
42741CB00010B/2229